LA

FORCE ET LA FAIBLESSE

DE LA

TURQUIE

PAR

MOURAD-BEY

Œuvre préparée pour être soumise à la conférence chargée d'arrêter les réformes à introduire en Turquie.

Deuxième édition

Prix : 1 franc

GENÈVE

J. MOUILLE, ÉDITEUR

49, rue du Rhône

1897

LA
FORCE ET LA FAIBLESSE
DE LA
TURQUIE

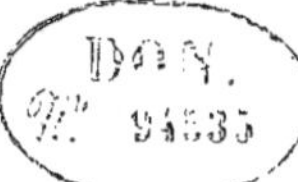

LES COUPABLES ET LES INNOCENTS

PAR

MOURAD-BEY

Délégué général du parti « des réformes » en Turquie,
Officier de l'Instruction publique,
Ancien professeur d'histoire à l'Ecole d'administration et à l'École de droit
de Constantinople.

GENÈVE

J. MOUILLE, ÉDITEUR

49, rue du Rhône

1897

Genève. — Imprimerie REY ET MALAVALLON, Pélisserie. 18.

LA

FORCE ET LA FAIBLESSE

DE LA

TURQUIE

—

I

Le Sphinx.

Au temps où la Sublime Porte était encore en vie, l'ambassadeur de Napoléon III, M. de Moustier, donnait au palais de Thérapia un dîner diplomatique. Il avait invité aussi quelques-uns des ministres ottomans, parmi lesquels celui qu'on a surnommé le Grand Fuad. Après le dîner, on alla sur la terrasse ombragée du parc pour compléter la soirée dans le *Keïf* oriental. On causait à bâtons rompus, lorsque la conversation tomba sur les forces respectives des Grandes Puissances et sur leur valeur spéciale. Fuad, l'homme aux boutades, réputé par sa causerie, gardait le silence.

— Voyons, Pacha, qu'est-ce qu'il vous arrive? Vous n'avez pas ce soir votre *Keïf* (c'est-à-dire votre *humour*), lui dit l'un des convives.

— Que voulez-vous que je dise? Vous parlez de choses pour lesquelles je n'ai aucun goût. D'ailleurs, si je me permettais de donner mon opinion sur ce chapitre, vous ne me prendriez pas au sérieux.

On s'empressa autour de lui et on insista.

— Eh bien, Messieurs, sans vouloir contredire aucune de vos prétentions, j'oserai prétendre, à mon tour, que le plus solide des Empires du Monde est l'Empire ottoman...

Un éclat de rire, sincère quoique diplomatique, fut la réponse à cette boutade.

— Permettez, Messieurs, permettez-moi de motiver mon opinion, insista Fuad sans perdre contenance.

— « ...Mettez à la place de la Turquie n'importe quelle puissance ; exposez-la en butte aux mêmes convoitises, aux mêmes curées intérieures et extérieures, et vous jugerez de la valeur réelle de la Turquie. Voilà presque un demi-siècle que tout le monde veut l'abattre : Vous, les puissances, y travaillez au dehors, nous au dedans. Pourtant elle résiste à cette œuvre de destruction matérielle et morale qui s'exerce sans trève ni merci. Non seulement elle résiste merveilleusement, mais, de temps en temps, elle donne des signes d'une vitalité juvénile étonnante, et je suis sûr qu'elle résistera quoique mutilée, très longtemps encore, en attendant un Réformateur hardi..... »

Ce n'étaient plus des rires, mais des réflexions plus ou moins pénibles qui succédèrent.

* *
*

...Oui, l'œuvre hideuse de destruction, de dépècement, la rage criminelle d'abattre, rage intérieure et extérieure, l'une plus mortelle que l'autre, ce sont des faits que personne ne pourra réfuter.

Le propos de Fuad-Pacha, tenu il y a quelque trente ans, pourrait être réédité aujourd'hui avec plus de raison, peut-être, puisque la curée meurtrière a continué depuis de plus belle.

Le moribond de l'Empereur Nicolas Ier a vu le prétendant à la succession enterré. Il assista également à l'enterrement d'Alexandre II et d'Alexandre III. Il fait, en attendant sa mort, des coquetteries à Nicolas II, son prétendu héritier présomptif !

Le comble de la surprise vient de ce que ce moribond de quarante ans, au lieu d'expirer à la satisfaction de ses médecins consultants, donne, dans les moments d'un réel danger, des signes évidents d'une vitalité surprenante.

D'autre part, tous les symptômes d'une décomposition lente, d'une chute inévitable prochaine, la torpeur, l'indifférence universelle, la misère, l'anarchie administrative, tous les prodromes enfin de la décadence finale crèvent les yeux.

Le moribond va mourir; on attend d'un moment à l'autre sa fin tant désirée. Les plus pressés de ses héritiers présomptifs se précipitent au chevet du lit pour lui administrer l'Extrême-Onction. Soudain, à la stupéfaction générale, l'agonisant se redresse brusquement, déploie une force inattendue, fait surgir de terre des légions animées du plus ardent esprit patriotique, malgré la pénurie effrayante du trésor, il les arme, les nourrit, assure leur discipline et le commandement.

Qu'est-ce à dire?

Dans ce chaos incompréhensible d'une puissance qui s'écroule, il y a donc quelque chose de jeune et de solide qui échappe aux observations ordinaires des pronostiqueurs?

Comment expliquer cette flagrante contradiction entre les verdicts des *autorités compétentes* et la réalité à toute épreuve?

D'où vient cette force latente dont personne n'a su encore soupçonner la nature, ni trouver la source?

II

L'Islam est libéral au fond; le fanatisme n'est pas une conséquence naturelle de l'Islam.

Le malaise chronique de l'Orient n'a pour auteur ni Mohammed (Mahomet), ni le Coran, Islam veut dire : *le salut*, et le plus grandes autorités dogmatiques musulmanes sont d'accord pour conclure que ce salut doit être dans ce monde et dans l'autre. Or, le salut dans ce monde, toujours d'après le *Chéri*, c'est-à-dire le code de l'Islam, doit être recherché dans la *perfection de la culture intellectuelle* et dans le *progrès matériel*.

Pour s'approprier les lettres et les arts, les fidèles sont invités à aller jusqu'au delà du mur chinois.

Le credo musulman : *il n'y a de Dieu que Dieu*, commence, ainsi qu'on le constate, par la négation de Dieu; c'est une suprême invitation aux fidèles à raisonner avant d'admettre.

Les plus vénérés théologiens musulmans, comme Muhiyeddin, l'Arabe, enseignaient publiquement que les vrais musulmans sont ceux qui, ayant commencé par la négation de toute divinité sont parvenus à retrouver celle-ci, après des recherches et des études. Ce serait là une application de la méthode cartésienne et de la table rase si le théologien Muhiyeddin n'avait précédé de cinq siècles le grand philosophe qui a dit: « *Cogito, ergo sum.* »

Une coutume très répandue dans les centres religieux exigeait que les étudiants se livrassent aux disputes et à la critique des dogmes. Dans ces disputes, la divinité en général, la mission de Mohammed, l'origine humaine du Coran y étaient attaquées et défendues avec une liberté scandaleuse. Les professeurs assistant à ces réunions approuvaient ou désapprouvaient tour à tour.

Libéral dans le domaine purement dogmatique, l'Islam ne l'est pas moins dans ses théories politiques. Il n'admet pas *le règne des dynasties*. Le Chef suprême, le Commandeur des Croyants est éligible librement par le peuple.

« Il n'est point permis d'obéir à un prince dont les actes ne sont pas conformes aux lois de Dieu, » a dit Mohammed. « Les martyrs privilégiés sont ceux qui sont tombés dans les luttes contre les Sultans usurpateurs, » ajoute-t-il ailleurs.

Le premier Khalif, Abou-Békir, en remettant le sabre d'honneur au chef de son armée, lui disait : « Tant que je demeurerai fidèle à mon engagement envers la nation et que je conformerai mes actes aux lois de Dieu, vous vous en servirez pour me défendre ; dans le cas contraire, vous le retournerez contre moi-même. »

Omar le Grand ayant fait une pareille invitation du haut de la chaire, au jour des prières publiques : « Pour te rappeler à l'ordre et à l'équité, nous n'attendrons certes pas ton invitation, sois-en sûr, » lui répondit sur l'heure l'un des fidèles en portant la main à la garde de son sabre. Et le Commandeur des Croyants se félicita d'être le chef d'un peuple si jaloux de ses droits et si fier de ses libertés.

Voilà l'Islam du Coran et des vrais musulmans. Quant au fanatisme, bien que les pays musulmans soient accusés d'en être le foyer, j'ose dire, malgré toute apparence de paradoxe, qu'eux seuls sont parvenus à donner, par des faits historiques irréfutables, des preuves patentes d'une large tolérance religieuse.

— Et la Guerre Sainte ? Et l'esclavage ? objectera-t-on.

Précisément, ces deux principes, que je condamne au premier chef, dans leur pratique récente, étudiés de plus près, démontrent mieux que toute autre chose, dans leurs applications, la tolérance et la tendance civilisatrices de l'Islam.

Cette allégation paraîtra un nouveau paradoxe ; mais les deux civilisations chrétienne et musulmane sont si différentes, j'allais dire si opposées, que les éléments de l'une sont autant de paradoxes en face de l'autre et il faut, pour se comprendre mutuellement, s'élever au-dessus des préjugés vulgaires, des habitudes de l'éducation. Il faut user d'un large esprit d'examen, à défaut duquel les trois cents millions d'Européens eux-mêmes ne seraient que des barbares au regard des trois cents millions de musulmans, des quatre cents millions de Chinois et des deux cents millions d'Hindous.

On a beaucoup abusé et on abuse encore de ce vocable : *Guerre Sainte*. En théorie et en pratique, la guerre sainte est l'ordre donné par Mohammed de répandre la *vérité divine* parmi les athées, les idolâtres et les hérétiques ; c'est l'invitation de porter cette vérité, même par voie de guerre en cas de besoin, en l'offrant au choix le plus raisonné. Ceux qui l'acceptent par conviction deviennent des *frères ;* ceux qui la refusent demeurent libres sujets de l'Etat, jouissant de tous leurs droits antérieurs et de toutes les récentes libertés civiles et religieuses.

L'Islam n'a jamais connu les croisades prêchées officiellement au nom de Dieu par les Saints Pères de l'Église et dirigées par des chefs ambitieux. S'il m'était permis de préciser davantage ma pensée, je n'aurais qu'à faire une comparaison entre la conquête de l'Espagne par les Arabes et la prétendue *délivrance* de ce pays par Ferdinand-le-Catholique ; entre la prise de Jérusalem par le *Chef des Infidèles*, le Khalif Omar, ou par Selahed-Din et la prise de cette même Jérusalem par les Croisés, ces guerriers du vrai Dieu, entre l'occupation de Constantinople par les *hordes barbares* de Mohammed II et la conquête de cette même ville par les frères en Jésus, qui avaient pris les armes et la croix mûs par l'amour du Père, du Fils et du Saint-Esprit.

Sous l'étiquette d'un libéralisme singulier, une véritable
rage de fanatisme laïque s'est déchaînée dernièrement sur
le monde civilisé. Des congrégations religieuses, des socié-
tés de bienfaisance et de charité y ont été privées ou dé-
pouillées du droit de cité. Or, on sait bien dans quel pays
ces braves gens sont allés trouver asile et protection. Mais
notre hospitalité n'a pas converti le monde à une plus saine
appréciation des faits, au contraire, et les pays de l'Islam
passeront encore aux yeux de tous pour être des pays
fanatiques. C'est le verdict de l'Europe; nous n'avons qu'à
nous incliner.

Si le Coran est mal commenté, le *Chéri* mal expliqué,
l'Orient mal connu, et si les penseurs et les hommes éclairés du Monde civilisé veulent rester malgré tout dans
l'ignorance absolue, tant pis pour eux, tant pis pour la
civilisation, et surtout tant pis pour l'Orient qui, en attendant un autre courant, supporte tous les frais et subit
toutes les fâcheuses conséquences de cette ignorance.

Quant à l'esclavage, si exécrable dans son principe, il
est, dans son application par le monde de l'Islam, d'un effet
plus humanitaire qu'on ne se l'imagine en Occident. D'a-
près la loi islamique, la servitude est valable lorsque l'esclave est un païen fait prisonnier pendant la guerre et s'il
est amené *d'un pays non civilisé dans un pays civilisé.* De
même un esclave légalement acquis *ne peut être contraint
de suivre son maître d'un centre plus civilisé vers un pays
moins civilisé.* Un habitant de la province peut forcer son
esclave à le suivre dans la capitale; mais on ne peut forcer
un esclave à quitter la capitale pour la province. Le nombre des hommes d'Etat, des savants érudits, même des
princes régnants sortis de la servitude est considérable en
Orient.

En théorie, il n'y a rien dans l'Islam qui soit contraire
à l'humanité et qui ne soit pas marqué au coin de la raison
et de la justice. Par contre, il est impossible de contenir

ses sentiments d'horreur et de réprobation si l'on jette un regard dans le domaine de l'Islam actuel. Tout ce que l'on sait du monde musulman moderne est-il un signe de dégénérescence et de décadence? La ruine peut s'abattre sur une race, sur un peuple, sur des contrées entières, sur des Etats multiples, mais jamais sur une vérité, sur un principe.

Qu'est-elle devenue, cette tendance libérale des premiers musulmans, leur fierté civique, leur indépendance d'esprit?

Qu'est-elle devenue, cette harmonie merveilleuse de l'Etat des premiers Khalifs?

D'où vient-elle cette anarchie gangrenée qui envahit tout?

D'où vient-elle cette platitude révoltante de tous devant les autorités aussi stupides que perfides?

Comment se fait-il qu'au lieu des Commandeurs des Croyants librement élus, nous nous trouvons en face de despotes, dégradés et criminels?

III

Particularité de la civilisation musulmane.

1. — Période arabe.

Le mal d'Orient, ou de l'Islam, est né de la *centralisation* à outrance. Tout est devenu « officiel : » la science, les lettres, les arts, même l'amour de la liberté et de l'émancipation intellectuelle reçoivent ce cachet honorifique. D'abord très fructueux pour le progrès et la civilisation, cet empiètement officiel devint peu à peu l'unique cause d'une paralysie morale complète.

L'Islam poussait les fidèles, ainsi que nous l'avons dit plus haut, vers les sciences et les arts. Il n'est pas vrai

que le Coran condamne les arts; la preuve en est dans
l'ornementation des créneaux du mur de Bagdad de sta-
tues de bronze, sous le Khalif Mançour.

L'Islam a constitué une société nouvelle sur une base
d'égalité parfaite, sans clergé, sans caste, sans classe
quelconque de privilégiés. Cependant il n'a pas fermé le
champ à ceux qui aspirent à la gloire et aux honneurs. La
valeur militaire, surtout et avant tout l'érudition, les vertus civiques peuvent servir de base à une distinction personnelle.

Les princes prennent, avec la direction des affaires publiques, celle de l'activité intellectuelle, par cette excellente raison que, dans cette égalité absolue exigée par le
Coran, ils couraient le danger de se perdre dans la masse.
Ils deviennent, non seulement protecteurs des savants,
mais aussi leurs pairs et leurs chefs de corporation. Les
palais sont — si j'ose employer cette expression — le ré-
ceptacle de l'intelligence. Dans les Conseils, dans les fêtes,
dans les repas, partout les princes politiques sont entou-
rés des princes de la pensée. Les honneurs qui leur sont
prodigués sont vraiment sans exemple. A leur approche,
les princes se lèvent et quittent leur siège, les honorent
du privilège de la préséance, provoquent leurs avis et font
droit à leurs réclamations.

Aux débuts de l'ère musulmane, cet état social était
admirable et digne d'être imité en n'importe quel temps
et en n'importe quel pays. Malheureusement cette face
brillante ne devait pas tarder à avoir son revers : les honneurs, les libéralités prodiguées engendrèrent une servi-
lité complaisante, un effacement complet de l'individua-
lité. Voilà la source du premier mal de l'Orient : L'alliance
de la force brutale avec la force intellectuelle.

Tant que les princes demeuraient vertueux, cette
alliance disparate n'avait fait que servir la cause du progrès et de l'ordre social. Mais dès que la débauche et le

luxe byzantins s'introduisirent, avec toutes leurs funestes conséquences, sous les voûtes des sérails, tout changea.

Si l'Empire islamique fit des progrès prodigieux dans les premiers siècles de l'*Hidjret* il faut, en grande partie en attribuer l'honneur aux princes.

Ainsi dans le domaine de la pensée, le Khalif Ommiade, Wélid, osa amener la philosophie jusqu'à l'athéisme. Comme il se moquait de la dévotion superstitieuse de quelques hommes de son entourage, il joignit l'acte à la parole en perçant le Coran d'une flèche. Cet exploit accompli en présence de ses contradicteurs, il demanda à ces derniers de feuilleter le Saint Livre pour voir combien de fois le mot Allah avait été atteint. Hâtons-nous de dire que cet acte du Khalif fut considéré, par la masse, comme un véritable sacrilège, comme une profanation criminelle. Cependant, peu de temps après, cette négation de l'origine divine du Coran servit à Bagdad de dogme à une école philosophique influente dont le chef fut le propre Khalif de Bagdad, Al-M'amoun.

C'est d'ailleurs à cette époque de la période abbasside que le Monde vit pour la première fois, régler les contributions de guerre, non pas en argent, mais en ouvrages manuscrits des philosophes grecs et romains.

Le Khalif Fatimide d'Egypte, Al-Hakim, devance de plusieurs siècles les plus hardis matérialistes, tels que Giordano Bruno; il ose soutenir que la Divinité n'est autre chose que la faculté que possède la matière de se transformer; que l'homme constitue la forme la plus perfectionnée de la matière, et qu'enfin lui, Al-Hakim, étant un des êtres les plus privilégiés, il serait naturel qu'on puisse le vénérer comme Dieu!...

On remarque déjà dans ces théories et ces prétentions quelque chose d'anormal et maladif, avant-coureur de cette folie infernale qui va envahir bientôt tous les palais orientaux.

* *
*

A partir du troisième successeur de Haroun-ur-Rechid, Mo'tassim, l'anarchie commence à régner. Les gouverneurs généraux, les commandants des armées, les esclaves privilégiés font en leur nom d'incessants *pronunciamentos*. D'innombrables Etats secondaires sont formés, surtout en Perse, en Asie centrale, dans l'Afrique septentrionale. Issus de trahisons et de perfidies, ces Etats ne peuvent se maintenir que par les excès les plus criminels et les plus ruineux, tels, par exemple, le brigandage vulgaire des autorités interceptant les routes aux caravanes des Indes et du Soudan. Ces perturbateurs de l'ordre public s'affublaient des titres les plus pompeux. Souverains absolus, ils avaient des palais, des armées, une cour spéciale, et leurs savants! Ces malheureux savants avaient pour mission de proser et de rimer à tout propos pour la gloire de leurs *Maîtres Bienfaiteurs*.

Maîtres Bienfaiteurs! Ces auteurs de crimes de haute trahison dont l'unique souci était de consolider leur pouvoir si mal acquis par des forfaits incessants!

Les poètes et les hommes de lettres de ces pays acquis par usurpation, forcés de se mettre au « service » de ces bandits couronnés, chantaient et écrivaient des panégyriques sur leurs *vertus éclatantes*. Pourquoi s'y seraient-ils refusés? Ils étaient bien traités, bien logés, bien nourris, surtout bien *payés*. « L'homme est l'esclave de la munificence » dit un proverbe arabe. A cette époque chaotique, ce proverbe blessant pour l'amour-propre humain, avait trouvé une large application.

« S'il y a des forfaits commis, nous n'en sommes pas les auteurs, » disaient les savants confisqués par le pouvoir, pour excuser leur complicité. Pour le malheur de l'Orient, cette hérésie, née dans les Cours des despotes, cette philosophie odieuse de basse Cour, trouva crédit un peu dans tous les pays.

Ainsi l'esprit et la plume des hommes les plus éclairés

du temps, s'enrôlèrent-ils au service du crime et du despotisme. Ce fut tout juste le contraire de l'amour pour les
lettres et les arts, que le Coran conseille aux princes et
aux savants.

Les sciences en Orient ne sont pas nées et ne se sont
pas développées dans les monastères, ou dans des labora-
toires particuliers, à l'abri de toutes *ingérences officielles*.
Avant d'arriver à leur maturité, avant d'avoir acquis leur
indépendance, les lettres sont transférées dans les palais.
Sous les voûtes dorées, dans les jardins embaumés, elles se
développent prestigieusement; mais elles endossent des
livrées officielles dont les chatoiements sont de prime
abord éblouissants. Cependant peu à peu la rouille inévitable en ternit l'éclat extérieur; les boutons dorés serrent
le corps de l'infortuné chantre et du savant subjugué; les
exigences de l'étiquette arrêtent leur inspiration.

L'enrôlement des gens de lettres à la suite des princes
prend donc une forme officielle. Les enrôlés reçoivent la
dénomination bien caractéristique de *Meddah-i-Sultani*
(Prôneurs du Sultan). Mais comment prôner les auteurs
de tant d'excès abominables? Tâche bien ingrate. Cependant les intérêts personnels prévalent et c'est ainsi que
l'œuvre immorale de lèse-civilisation commence en Orient.
Tout ce qu'il y a dans le Coran, dans les *Hadis* ou dans
les lois concernant la nécessité d'obéir aux autorités
légales du pays est cité, commenté, exagéré, complaisam-
ment dénaturé; mais les conditions si bien définies de la
légalité des autorités, ou de l'obéissance qui leur est due,
sont soigneusement dissimulées, et malheur à celui qui
oserait en proférer un mot. Invités à obéir, ou à supporter
les charges sans protester ne suffisait pas; il fallait vraiment prôner les Maîtres. Que faire? et que dire? Comment
dissimuler au regard des esprits droits et honnêtes la
honte des inventions mensongères? On prit un chemin
détourné qui mena tout droit à l'anéantissement de la vraie

et saine littérature. La phraséologie sonore, mais vide, créée au détriment du bon sens, remplace la prose si simple des premiers jours.

Cette association impardonnable de la force brutale avec l'intelligence paralysa la marche en avant de la civilisation si merveilleusement inaugurée par les premiers Khalifs. A Bagdad, au Caire, à Cordoue, à Gazna, à Samarkand, à Konia la même évolution se produisit ; ainsi, les savants et les hommes de lettres, en s'associant au luxe et aux orgies des princes finirent par s'associer à leur despotisme et à leurs crimes.

Tout s'aplatit, tout s'avilit. Les débauches du Sérail auxquelles les ulémas ne restent pas étrangers dépriment le physique, dégradent le moral à mesure qu'elles augmentent les coquetteries mutuelles et révoltantes de ces associés disparates.

Le prince de Cordoue entend-il louer les mérites d'un poète, ou d'un professeur d'Ispahan. Aussitôt, pour l'attirer à sa cour et l'accaparer, il lui expédie une mission spéciale portant des présents. On va jusqu'aux frontières pour le recevoir avec de grands honneurs. Le prince lui-même va le complimenter aux portes de sa capitale. C'est une fête et une réjouissance auxquelles toute la population prend part. Des faits semblables ne sont pas propres aux seuls princes de Cordoue. Les princes de Kaïrouan, du Caire, de Mossol, de Gazna ne se laissent point distancer.

C'étaient de belles funérailles accordées à la vertu, à l'esprit d'indépendance, à la liberté, voire à l'Islam lui-même !

Il en résulta deux grands maux, l'un plus fatal que l'autre : une crise morale et intellectuelle qui se manifesta d'une part, par une résignation fataliste universelle, et, d'autre part, par une exploitation audacieuse, aussi insensée que criminelle.

Cet effacement général qui servit de base au despotisme sans frein, prit très vite des racines profondes. L'obéissance aveugle aux autorités devint un dogme dans le nouveau catéchisme des vertus civiques. C'est la table de marbre qui surmonte le tombeau du progrès en Orient.

On a lu dernièrement, dans la *Revue de Paris*, une admirable étude d'un personnage éminent, le général Melcom-Khan, dans laquelle l'écrivain attribue cet avilissement universel à la pression qu'exerçaient les princes sur l'intelligence et le savoir. C'est bien vrai. Seulement cette pression eut pour point de départ le suicide des gens de lettres et des savants qui doivent porter avec les princes la peine et la flétrissure de l'histoire.

2. — Période ottomane.

Je n'ai envisagé jusqu'ici que la partie générale de l'histoire de l'Islam. Il m'était impossible de ne pas commencer par là. Tout ce qui touche à l'Islam constitue un ensemble indivisible. Si l'on n'étudie pas l'ensemble, il est impossible de comprendre une de ses parties. Il y a bien des périodes arabe, syrienne, égyptienne, espagnole, turque, mais c'est toujours le Khalifat.

L'apparition des Turcs ottomans (ou Othmans) dans l'arène de l'Islam et de l'histoire coïncide avec l'anarchie la plus complète provoquée en Asie par les Tatars du Djenguiz-Khan.

Ces Turcs étaient une tribu nomade très paisible, détachée de la grande tribu de Kayi-Khan. En venant de l'Asie Supérieure dans le Khoraçan et du Khoraçan dans l'Asie Mineure, ils n'avaient d'autre but que de chercher un endroit sûr pour leurs troupeaux. Installés dans cette dernière contrée, grâce à un événement heureux où leur valeur guerrière venait d'être mise à l'épreuve, les Turcs révélèrent une particularité remarquable : seuls de tous leurs compagnons d'origine, ils s'établirent en ce pays sur une base nettement *féodale*.

Cette particularité de l'histoire d'Orient s'explique par ce fait que les Turcs n'étaient point des gens d'un Bey souverain ; au contraire, ils constituaient une association d'hommes libres et égaux. Erthogrul était un chef élu et librement accepté, comme le fut son père Suleïman.

Cette première assise féodale n'aurait certainement pas tardé à disparaître, si une autre cause locale n'était venue contribuer à la maintenir. Les pays conquis par les Ottomans venaient d'être libérés tout récemment des latins de la 4me Croisade qui les avaient gouvernés d'après leur propre système féodal. Les gouverneurs grecs qui prirent la place des latins eurent aussi goût à ce système qui leur assurait leur indépendance personnelle, et, lors de la conquête par les Turcs, les premiers conseillers des Sultans ottomans recrutés parmi les châtelains grecs, comme Keussé-Michal et Evvrénos, contribuèrent tout les premiers à l'établissement de ce système.

Lors de la constitution remarquable du Sultan Orkhan, le système féodal était définitivement établi. Seulement pour contrebalancer la force des feudataires, on institua le corps des Janissaires. Ce corps de garde mémorable fut la première armée régulière permanente. Ainsi, établi sur les bases féodales et doté d'une forte autorité centrale, militaire et judiciaire, l'Empire Turc acquit un équilibre de stabilité qu'aucune crise ne put ébranler.

Cette solidité et la prospérité croissante de l'État donnèrent une certaine impulsion aux progrès intellectuels. A l'époque de la décadence générale de l'Orient, les succès éclatants des Ottomans attirèrent les sympathies et l'admiration universelles. Tout ce qu'il y avait encore de fier et d'indépendant accourait et s'enrôlait. Des guerriers, des savants, des artisans tous vinrent chercher auprès des Turcs leur part de fortune et de gloire.

Les tribus ottomanes se composaient à l'origine des habitants de 400 tentes seulement. Le troisième chef disposait déjà de plusieurs corps d'armée.

2

Erthogrul et Osman étaient illettrés, Orkhan au contraire était déjà savant, et à partir de lui, jusqu'à Suleïman le Magnifique, tous les princes ottomans cultivent les lettres et les sciences, et excellent surtout dans la poésie.

Bien qu'illettré, le premier prince Erthogrul, tenait les savants en grande estime et vénérait le Coran. Invité chez un Cheik à un repas, il y passa la nuit. Au moment d'aller se mettre au lit, il remarque sur une étagère le Livre Saint. Il n'ose le toucher de peur de le profaner ; il n'ose non plus se coucher de peur de lui tourner le dos pendant son sommeil. Alors, il prend le parti de rester debout jusqu'au matin.

Sous Orkhan, Brousse regorge déjà de savants. Orkhan ne leur donne pas hospitalité dans son palais qui était d'ailleurs trop petit et trop simple pour lui permettre de s'offrir ce « plaisir. » Il fonde des écoles, les dote de tout le nécessaire, y joint des maisons pour les professeurs. C'est dans ces maisons innombrables qu'il loge les savants accourus de toutes parts. Ils y ont leurs chaires, leurs bibliothèques. Ils ne sont point comme chez les princes arabes les habitués du palais dont l'accès est ici réservé aux seuls officiers.

Cette distance observée entre les princes lettrés et les savants est la conséquence de l'étiquette ottomane qui demeurera pendant quelques siècles dans sa simplicité rigoureuse. La loi constitutionnelle règle, jusqu'au moindre détail, la conduite des souverains envers les princes de la pensée. Le respect pour les hommes de lettres et les savants devient de style. Les ulémas constituant l'un des corps de l'Etat ont *droit* à ce respect. Sans leur *fetwa* (consentement basé sur un dogme de l'Islam) aucun acte important ne peut acquérir force de loi.

La fierté innée chez les Ottomans préserve les ulémas des effacements complaisants devant les Vizirs, voire même devant les Sultans. Au contraire, c'étaient les Vizirs et les Sultans qui prenaient sans y réussir l'initiative des complaisances.

Sélim Ier, tout fier de ses conquêtes de Perse et d'Égypte, et surtout de sa récente acquisition du Khalifat, venait de se mettre en route pour sa capitale. Une manœuvre malheureuse de la monture du savant Kémal-Pacha-Zadé qui voyageait à ses côtés, éclabousse le kaftan (le manteau) du Sultan. L'infortuné savant tremble d'effroi. Dans la seule campagne d'Égypte, maintes têtes innocentes, et non des moindres, étaient tombées sous la colère de Sélim. Le Sultan appelle son écuyer et, à l'étonnement général, lui dit :

« Les taches faites par les savants, même si elles viennent du pied de leur monture sont un ornement pour l'habit des princes. Qu'on conserve ce kaftan dans le Trésor de l'État et que sa vue soit en exemple à mes descendants ! »

Le manteau de Sélim, qui existe encore avec les éclaboussures en question, excite aujourd'hui des sourires amers et provoque de tristes réflexions !

Il faut noter aussi que dans l'Histoire ottomane, même à l'époque où on paraît avoir oublié qu'il existe d'autres moyens de se débarrasser d'un ministre ou d'un adversaire que de lui couper la tête, les ulémas seuls furent épargnés. Mahmoud II qui, dans une seule journée, fit égorger plus de vingt mille janissaires, fut l'objet d'une épigramme très blessante, œuvre d'un uléma Izzet-Molla, père du fameux Fuad-Pacha. Le Sultan, informé, demanda son exécution. Le Cheik-ul-Islam Abdoul-Vehab-Effendi refusa, prétextant que dans toute l'Histoire ottomane, il n'y avait pas d'exemple qu'un uléma fut exécuté. Tout ce que put obtenir le Sultan, ce fut l'éloignement d'Izzet-Molla en province.

A la vérité, le Cheik-ul-Islam Feïz-ullah-Effendi trouva

la mort pendant les troubles occasionnés par la déposition du Sultan Mustapha II. Mais c'est l'unique cas dans toute l'Histoire.

D'ailleurs la force et la fermeté du corps des ulémas avaient ses causes spéciales. La droiture naïve et la fierté des premiers Ottomans étaient fort contrariées de l'avidité et surtout de certaines prévarications soupçonnées chez des ulémas d'origines diverses. Si on ouvrit toutes larges les portes des écoles aux ulémas immigrés, on leur interdit l'accès aux fonctions politiques ou judiciaires.

Suleïman le Magnifique, mù par le souci que lui donnaient les janissaires, consolida le corps des ulémas en lui accordant de nouveaux privilèges, notamment l'hérédité des fonctions, ce qui fit de ce corps quasi une caste. Depuis, le corps des ulémas ne cessa pas jusqu'à la destruction des janissaires et de ce qui restait de féodalité, c'est-à-dire, jusqu'à la moitié du siècle présent, d'être un corps de contrôle, d'autant plus fort qu'il exerçait ce contrôle au nom des lois divines et du salut de Khalifat.

Cette noblesse de caractère, cette pureté de mœurs, en un mot toute cette gravité seigneuriale que l'on admire chez les vrais Turcs sont au sein de la classe privilégiée des ulémas l'expression d'un sentiment de fierté mêlé à une certaine dose d'orgueil.

Les ulémas avaient réussi à maintenir l'équilibre de l'État en s'appuyant à tour de rôle sur les janissaires pour contenir le Sultan, sur le Sultan pour contenir les janissaires, sur le Coran et l'Étendard sacré, en cas de suprême nécessité, pour les contenir tous les deux.

Le Sultan Mahmoud en détruisant, avec l'assentiment, bien entendu, des ulémas, les janissaires qui étaient devenus trop insupportables, et tous les autres feudataires, inaugura l'ère *des imitations de l'Europe*. Privé de son appui historique, rongé par le dépit de cette imitation des *ennemis de l'État* et de la religion, le corps des ulémas perdit de son autorité et succomba définitivement sous Abdoul-Hamid le Fatal. Mais avec leur chute ne disparut pas tout leur prestige, puisqu'Abdoul-Hamid, qui a fait lâchement étrangler Midhat-Pacha et Mahmoud-Pacha à Taïf n'a pas eu le courage de faire subir le même sort à Khaïroullah Effendi, l'ex-Cheik-ul-Islam qui donna le *fetwa* de déposition du Sultan Aziz et du Sultan Mourad.

Bien que le corps des savants eut, comme facteur dans les destinées de l'État, une influence prépondérante, son rôle comme agent de la civilisation ou de l'intelligence fut très effacé. Il fournit beaucoup de poètes, quantité de chroniqueurs, encore plus de versificateurs, mais peu de véritablement larges et grands esprits. Les lettres, d'ailleurs, avaient été introduites en Turquie sous l'*empoisonnée enveloppe* persane : par là même elles étaient mortnées.

IV

La Puissanc eottomane et son déclin.

La valeur militaire déployée par les Ottomans, au milieu d'une décadence universelle en Orient, attirait tous les regards. La *Cause turque* devint la *Cause commune* des musulmans. La politique des premiers Sultans contribua beaucoup au maintien de cette communauté. Chaque victoire, chaque succès sont relatés à tous les souverains de l'Islam par une mission spéciale à laquelle ces souverains répondent par des félicitations ou par des politesses. Le Sultan d'Égypte, *protecteur* du Khalife, donne au chef ottoman, dans une de ses réponses, le titre de *Sultan*. Ce titre devient officiel à partir du troisième souverain régnant, Mourad Ier.

La puissance ottomane devenant un gage commun au monde islamique, *la raison d'État* fait vite son entrée dans l'Histoire ottomane. Erthogrul, simple chef de tribus nomades à l'origine, mourut dans sa capitale entouré de nombreux vassaux très puissants. Son fils Othman lui *succède*. L'oncle d'Othman, Dundar-Bey, peut-être inconscient de la révolution accomplie, demande sa part dans la succession d'Erthogrul, son frère, et, comme il insiste, Othman lui envoie une flèche meurtrière dans la poitrine !

— « La fiancée de l'État ne pouvait partager son lit, » explique le poète chroniqueur.

Cette raison d'État, cette chasteté de la fiancée ottomane, est l'origine de ces crimes atroces et barbares qui ensanglantent les commencements de presque tous les règnes à partir de Bayazid Ier. Ces crimes ne manquent pas d'augmenter la puissance de l'État.

Mais qu'était donc cet État, dont les raisons paraissaient si sacrées ?

Le Sultan régnait. Au nom du Sultan, le Grand-Vizir gouvernait, assisté par des Vizirs consorts (les Vizirs de sous-voûte) et des ulémas (deux Kadi-askers, ou juges militaires, Kadi de Stamboul, Mufti, Cheik-ul-Islam). La dignité du Mufti et du Cheik-ul-Islam sont des institutions postérieures. Rien n'est entrepris sans un divan (consultation) préalable. Les divans les plus importants sont présidés par le Sultan lui-même. Pour entreprendre une guerre, pour adopter une nouvelle mesure, on recourait au *fetwa* (consultation dogmatique). Il fallait motiver la mesure pour que le fetwa pût être octroyé.

Le Sultan commandait personnellement ses armées pendant la guerre. Cependant, dans des cas secondaires, il déléguait le Grand-Vizir, même un simple *Beylerbey*. Mais dans les affaires politiques ou autres, c'est le Grand-Vizir seul qui est le directeur responsable. D'ailleurs, le Grand-Vizirat, qui échut de père en fils jusqu'à la conquête de Constantinople, dans la famille de Tchaudarli, avait quelque chose de plus que la présidence du Conseil ; son titre de *Fondé des pouvoirs absolu* l'indique suffisamment. Enfin, grâce à l'armée permanente et fidèle au Sultan, les grands feudataires sont tenus en respect.

Par ce système de consultation et d'hiérarchie administrative admirable, l'absolutisme est vaincu. C'est cet équilibre des pouvoirs de l'État qui a contribué à l'éblouissement de la grande époque ottomane.

Le premier ver rongeur pénétra dans ce merveilleux édifice au moment de l'interrègne occasionné par l'envahissement du Timour-Leng et de la captivité de Sultan Bayazid. Les janissaires, cette armée régulière qui se manifestait au monde pour la première fois, furent corrompus par les fils de Bayazid, en quête de la couronne impériale. Suleïman, Mohammed, Maussa, Issa, Moustapha, les engagent tour à tour et paient *leurs services*. C'est dire que ces esclaves du devoir se vendent à l'encan comme les *condottieri* du moyen âge. Sélim le *Féroce* les entraine contre leur souverain, son père, en les rétribuant largement.

Le cadeau de joyeux avènement, ce fléau du Trésor Ottoman fut le prix inéluctable et immédiat de son accession du succès de Sélim.

Suleïman le Magnifique qui fut, malgré lui, obligé d'accorder ce cadeau ruineux, chercha à en affranchir ses successeurs, en consolidant le corps des ulémas. Mais les successeurs de Suleïman en s'abandonnant aux débauches du Sérail, perdirent le goût du gouvernement. La dégénérescence de la famille, l'ère des intrigues et de l'influence néfaste des femmes et des gens du palais commencent.

Déjà les derniers jours du règne de Suleïman le Magnifique, des signes inquiétants apparaissent. L'influence des femmes conseillées par la fille du Sultan Mihri-Mah, femme de Ferhad-Pacha, se manifeste criminellement et coûte la vie à un prince doué de qualités supérieures, le Prince Mustapha, assassiné à l'âge de 40 ans.

A partir de ce jour, le Sérail devient un gouffre où viennent s'engloutir toutes les ressources de l'État. C'est alors que le corps des ulémas, qui avait été consolidé dans le but d'être opposé aux excès de la soldatesque, abandonne le Sultan et signe une alliance avec l'armée contre le palais. C'est cette alliance bâtarde, conclue au nom de la foi et de la loi qui sauva provisoirement l'Empire d'une décadence immédiate.

Les janissaires étaient devenus insupportables à Constantinople. Pillages, massacres, tous les excès se répétaient sans interruption. Les ulémas fermaient forcément les yeux. Du reste, Stamboul n'était qu'une ville et on se résignait à offrir cette ville en holocauste au salut de l'Empire tout entier. Aussi, Stamboul était-elle exempte de tout impôt.

Les dépositions, même les assassinats de souverains, commencent. Le Sérail était intimidé et les marchands supportaient de temps en temps quelques vexations; mais du moins l'Empire était sauf puisque les janissaires étaient toujours victorieux. Cependant la pénurie du Trésor causée par les exigences des janissaires et du palais, n'en subsistait pas moins comme une maladie chronique.

Bien que Mourad IV et les Kenpreulis eussent ranimé et relevé le prestige militaire, la désorganisation s'effectuait lentement.

Victorieux, les janissaires pouvaient encore s'attirer des égards et des sympathies; mais réduits à l'inaction, ils deviennent insupportables, même aux yeux des ulémas, leurs alliés d'antan.

Au commencement de ce siècle, Sélim III, sûr d'obtenir un fetwa pour leur suppression, avait conçu le projet de réorganiser son armée. Il n'y réussit pas.

Sultan Mahmoud son successeur en fut plus heureux. Il supprima les janissaires et inaugura une ère nouvelle de réformes, mais il manqua de bons collaborateurs, et ses successeurs ne furent pas à la hauteur de la tâche.

Au lieu de prendre par le commencement, on débuta par

la fin. La Turquie était plongée dans l'ignorance. Il fallait de l'instruction, beaucoup d'instruction. L'école militaire et l'école de médecine furent créées; ce fut un bienfait, mais insuffisant.

Sous Abdul-Aziz, les hommes d'État dignes de ce nom manquent. Le Gouvernement ne se rend compte ni de sa situation précaire, ni de ce qui lui fait défaut. On est loin d'apprécier les bienfaits du traité de Paris et l'on ne fait rien pour les mériter.

Toutes les aspirations patriotiques et toutes les bonnes volontés se retournent vers le prince héritier, prince libéral, éclairé et bon patriote. Son avènement paraissait lointain parce que le Sultan Aziz était encore jeune et bien portant. Midhat-Pacha, à la tête de quelques patriotes réussit à déposer ce dernier, mais la fatalité enlève la raison au sauveur impatiemment attendu. Abdul-Hamid le remplace.

La comédie d'hypocrisie commence, pour finir par la tragédie la plus sanglante. Non seulement le libéralisme, est persécuté, mais aussi l'honnêteté et le zèle louable des conservateurs. Tout va de mal en pis dans l'Empire, sous le règne de cet homme fatal.

Les Chrétiens de Turquie.

Certains ministres ottomans comme Réchid, Aall et Fuad, avaient essayé de retrouver l'axe de l'équilibre perdu en s'appuyant sur les représentants de certaines Puissances. Cette politique aurait donné des résultats salutaires si des causes particulières ne l'avaient rendue stérile. Les procédés d'une impertinence révoltante dont certains agents européens ont l'habitude d'user en Orient contre le public et les autorités, ont fait perdre dans la masse populaire tout le prestige et toute l'estime qu'on accordait à l'Europe. Une alliance de la Porte avec les

Ambassadeurs contre le Palais aurait donc produit sur l'opinion publique une détestable impression.

Aujourd'hui un honnête homme peut être compromis par la seule fréquentation d'une Ambassade, comme il le serait en fréquentant le palais même de Yldiz.

Les allures des agents étrangers, allures incompatibles avec leur rang, ont eu pour point de départ leur soi-disant protection des intérêts de leurs sujets, de leurs protégés, surtout des chrétiens sujets de l'Empire, en général. N'importe quelle cause injuste ou malhonnête, n'importe quel flagrant empiètement sur le domaine de l'État ou des particuliers indigents trouvent un sûr appui auprès des drogmans agissant au nom de leurs maîtres, et sous le couvert du drapeau de leurs pays respectifs.

De là une déconsidération énorme qui peut-être se dissipera avec le temps. En attendant, grâce à ces interventions fâcheuses, la question consulaire et le mode de protection sont les principaux malheurs de l'Orient.

La protection des chrétiens d'Orient! Voilà le nœud gordien qui attend depuis longtemps l'arrivée d'un autre Alexandre.

Le sujet est si grave et si compliqué que l'on voudra bien m'excuser si je le reprends d'un peu loin.

*
* *

Les premiers princes ottomans, Erthogrul et Othman, ne faisaient aucune distinction entre musulmans et chrétiens. Pour eux, les uns et les autres étaient des êtres humains de la même espèce, et serviteurs du même Dieu. Si les uns cherchaient Dieu par la voie tracée : *Jésus fils de Marie*, l'élu privilégié du Ciel, les autres le cherchaient par l'intermédiaire de Mohammed, un autre élu de Dieu. Rien ne les empêchait donc de s'entre-aimer, d'être frères !

Ce sont là des dispositions excellentes qui ne manqueraient certes pas de s'établir partout, s'il était possible de supprimer les prêtres.

A l'origine, les meilleurs amis d'Erthogrul et d'Othman étaient les châtelains chrétiens de Bélocoma et de Kharman-Kaya. Chaque année avant de quitter la plaine pour les plateaux, les Ottomans confiaient leurs biens, leurs économies, leurs malades, leurs femmes aux chefs chrétiens, leurs voisins immédiats. La première perfidie qui mit fin à ces amitiés touchantes fut tramée par le seigneur chrétien de Bélocoma et dénoncée par un autre seigneur chrétien, Keussé-Mikhal, son voisin. Othman répliqua en s'emparant du château, tuant le châtelain perfide, dont il enleva la fiancée et sans que la population chrétienne de ce fief se ressentit de ce changement de régime. Bien plus, les chrétiens ne se doutèrent seulement pas qu'un régime musulman venait d'être substitué à un régime chrétien.

Ce caractère remarquable de domination ottomane demeure presque intact jusqu'à la conquête de Constantinople. On en a la preuve éclatante dans la constitution libérale et autonome octroyée par Mohammed II aux Grecs et aux Arméniens et dans les honneurs royaux rendus aux Patriarches. L'Empire Ottoman subit toutes les crises imaginables engendrées par le despotisme, par l'anarchie, ou par la décadence ; mais aucun acte d'intolérance, de persécution ou de fanatisme religieux ne souille son histoire *avant l'apparition des soi-disant protecteurs des chrétiens*. Au contraire la Turquie servit de refuge, comme aujourd'hui encore, à toutes les victimes du fanatisme, ou de la haine en Europe.

La question des chrétiens de Turquie n'est pas un fruit mûri sur le sol de l'Empire Ottoman ; cette question a pris naissance dans les chancelleries diplomatiques.

Coïncidence étrange ! les chrétiens d'Orient commencent à souffrir à partir de cette ingénieuse et *humanitaire* invention !

Il faut être oriental, il faut avoir vécu longtemps en

Orient pour pouvoir saisir la profondeur dégoûtante de certains procédés diplomatiques. Tout le monde cherche la source du mal. Il y en a plusieurs à commencer par le Palais. Mais il est temps aussi d'avouer que les chancelleries diplomatiques et consulaires ne sont pas trop distancées par lui.

On pourra récriminer ; je n'en soutiendrai pas moins mon dire avec la dernière énergie. J'ajouterai même que si j'avais à vider le fond de mon sac, maintes idoles sentiraient que leurs pieds sont d'argile. Je me contenterai de citer un exemple récent. Les livres officiels de couleur, les débats dans les parlements, la campagne menée contre les Turcs a mis en relief certain agent consulaire dont on a tant vanté la conduite à l'égal d'un héros. Je ne veux pas le nommer pour ne pas faire ici de personnalités ; mais tout le monde a présent à la mémoire les hauts faits qui l'ont rendu célèbre.

Les agents consulaires sont souvent des banquiers, des négociants, des agents de commerce... vous allez voir qu'ils sont parfois des dénonciateurs au service du Sultan Rouge.

Un jeune homme musulman appartenant à une des plus honorables familles de l'Asie Mineure, s'adresse à cet agent si vanté pour lui demander un chèque sur l'étranger. Aussitôt, cet agent consulaire dénonce au gouvernement du Sultan ce jeune homme comme coupable d'entretenir des rapports avec les jeunes Turcs réfugiés en Europe et de subvenir à leur parti.

Vous savez les châtiments qu'Abdul-Hamid réserve à tous les hommes libéraux. C'est ce même agent consulaire qui a inondé de sa prose les journaux sur des exploits qu'il n'a accompli qu'en songe. Mais tout effet à une cause. Cet agent consulaire voulait prendre sa revanche sur un très honnête homme, un très consciencieux fonctionnaire dont le passé est digne de tout éloge, mais dont le crime consistait dans son opposition à laisser s'accomplir certains procédés incompatibles, au premier chef, avec les fonctions officielles du représentant d'un grand pays civilisé.

* * *

Jusqu'à l'époque des ingérences diplomatiques, les chrétiens de Turquie n'ont jamais souffert, comme tels du moins, du régime ottoman ; l'histoire de l'Empire en fait foi. Aucunes persécutions ou massacres exercés sur les sujets *rayas* du Sultan, au nom de la religion ou du fanatisme, par cette excellente raison que le Coran s'y oppose formellement. Les droits des chrétiens ottomans étaient assurés par les lois de l'Empire et admis par les mœurs tolérantes de la nation.

Sous le règne de Sélim 1er le *Féroce* des hérétiques musulmans Kizilbaches, venant de Perse, envahirent l'Asie Mineure. Cet envahissement constituait un danger pour la tranquillité politique et l'unité religieuse de l'État. Aussi Sélim obtint-il facilement le *fetwa,* c'est-à-dire la sanction religieuse des ulémas, l'autorisant à se débarrasser de ces sectaires dangereux. Après en avoir fait un carnage effrayant, Sélim encouragé par le succès, et poussé par la soldatesque en quête d'un butin facile, conçut la pensée de débarrasser l'Empire de ses habitants chrétiens. Accepter l'Islam, émigrer, ou se voir massacrer, voilà les trois alternatives que Sélim le *Féroce* voulait offrir à leur choix. Le Mufti, ou chef religieux, Zenbilly-Ali-Efendi, auquel le Sultan demanda le fetwa, refusa nettement et catégoriquement en se basant sur le Coran, arguant que les chrétiens étant les hommes des Ecritures, c'est-à-dire, de la Bible et payant leur *Kharadje,* (impôts) ont droit à la protection du *Chéri* autant que les fidèles musulmans. Ni les prières du despote, ni ses intimidations ne parvinrent à ébranler l'opposition de ce courageux *prêtre.*

Dans un cas semblable n'importe quel uléma aurait agi de la même manière.

Et dire que cet acte de tolérance et de haute humanité s'est accompli dans un pays qui avait été envahi, un peu avant, par des croisés que le légat du Saint-Siège, Césarini, dégagea du serment solennel qu'ils avaient fait, de ne plus combattre les Turcs. (Bataille de Varna).

Il est un autre côté de la question digne d'une attention particulière : Si l'on examinait les *persécutions*, qui grâce aux ingérences maladroites du dehors s'acclimatèrent dernièrement en Turquie, on verrait que parmi ces excès, il n'y en a aucun qui ne soit commis sans une provocation en règle.

La raison d'État chez les Turcs n'hésite devant aucun sacrifice, et les fratricides abominables du Palais, fratricides *légalisés*, sont le témoignage le plus évident de cette raison d'État. Or, en face des provocations de l'étranger qui conspire contre leur pays, contre son unité, son intégrité, son salut et ses lois, si les Turcs jaloux, jusqu'au crime, de leur État, ne peuvent pas à la fin dompter leur sang-froid, on devrait trouver cela naturel et légitime.

Dans l'ancienne société ottomane, une partie des Turcs occupaient la place des patriciens privilégiés. Hommes de guerre et de gouvernement, ils étaient fiers de leur supériorité physique et morale. Cette supériorité était incontestable et même aujourd'hui, en ces jours de dégradation universelle, les Turcs conservent au milieu de tant de populations, leur cachet spécial de distinction. Les Turcs étant les patriciens, les chrétiens ottomans occupaient la place de la plèbe romaine. A part l'agriculture et l'élevage auxquels s'adonnaient en particulier les Turcs, toutes les professions, l'industrie, le commerce, se trouvaient à la discrétion complète des chrétiens. La masse populaire musulmane n'était donc aucunement privilégiée outre mesure au préjudice des chrétiens. D'ailleurs, les lois de l'Empire protégeaient ces derniers et l'intérêt même des Beys féodaux les préservaient et les mettaient à l'abri de toutes surprises désagréables. En un mot c'étaient des sujets de l'État qui, *sans l'intervention diplomatique* de l'étranger, n'avaient qu'a aspirer à l'égalité des droits locaux.

Nous venons de constater dans la forme de refus que le Mufti opposa à Sélim, la valeur de la protection que leur accordaient les lois. Quant à la protection seigneuriale, sa valeur trouve toute sa justification dans ce fait que les éléments chrétiens de Turquie ont, sous la domination ottomane, progressé en nombre et en fortune. Ils constituent encore aujourd'hui la classe la plus aisée de l'Empire.

Des faits historiques pareils devraient avoir plus de valeur, me semble-t-il, que ces plaidoyers *pro domo,* plus ou moins sujets à caution, des correspondants, étrangers au pays, à la langue, aux mœurs, ou à la psychologie nationale.

J'affirme donc encore une fois et je le répète avec toute l'énergie dont je suis capable que, avant l'apparition du premier agent consulaire et surtout du premier missionnaire chez nous, les chrétiens d'Orient étaient plus tranquilles, plus libres, plus heureux qu'aujourd'hui.

C'est triste à dire, j'en conviens, mais c'est ainsi.

On m'objectera que le système de recrutement des janissaires est un crime atroce propre au régime ottoman. J'en conviens encore.

Enlever des garçons chrétiens en bas âge, les éduquer, et les enrôler au service de l'Islam doit paraître révoltant. Je suis loin de le nier ; seulement je ne puis pas ne pas constater ce fait historique frappant, qu'à cette époque-là les parents dont les enfants étaient enlevés pour être incorporés dans le corps des janissaires paraissaient *enchantés de cet honneur* exceptionnel ; ceux dont les enfants ne répondaient pas aux conditions physiques exigées *se désolaient de ce malheur!* Le crime n'existait donc pas aux yeux des intéressés.

A l'époque de la conquête de la Crète (de triste mémoire !) la Porte se trouvant à bout de ressources, avait essayé, sans succès, de contracter un emprunt. Un riche négociant grec, phanariote, se présenta avec des offres et des conditions inespérées. Parmi ces conditions il y en avait une qui surprit et troubla un peu le *Divan :* Le prêteur exigeait que son fils, âgé de 18 ans, fut converti et encadré dans un régiment de janissaires. On délibéra, on consulta les autorités compétentes et, finalement on rejeta la condition, parce que les règlements du corps des janissaires s'opposaient à l'introduction dans leur sein d'un jeune homme qui avait passé son temps jusqu'à l'âge de 18 ans dans un milieu *insalubre* (c'est-à-dire parmi les grecs phanariotes).

Refus d'enrôler, refus d'accepter les avances.

On voit donc que la suprême ambition de la plèbe consistait dans son entrée dans la sphère patricienne. Le passé, la race, la religion étaient sacrifiés à l'honneur de devenir l'égal de ces grands seigneurs.

Ayant à examiner les comptes arriérés d'un *Kazasker* (uléma dont les fonctions équivalent à celles d'un cardinal du sacré Collège) j'y découvris des choses remarquablement suggestives et bien faites pour éclairer d'un certain jour les sentiments mutuels de ces deux portions de la société ottomane, les musulmans et les chrétiens.

Ce Kazasker touchait des appointements mensuels de 28.000 piastres. Comme le service des appointements n'était pas régulièrement fait, il fut convenu entre lui et le trésorier payeur du ministre, un riche banquier arménien du nom de Guzel-Oglan, que celui-ci lui verserait le premier de chaque mois, une somme de 20.000 piastres, encaissant pour son compte les 28.000 au fur et à mesure des payements par le trésor.

A la fin de l'année on devait faire la balance et arrêter les comptes.

Or, voici une copie des comptes d'une année (1287 de la Hidjre).

AVANCES.

12 mois à raison de 20.000. . . . .   240.000
Les intérêts à raison de 12 %. 28.800
                                    Total. 268.800
Munificence de Son Exc. le Maître à son hum-
ble serviteur. 10.000
Munificence à mon commis Artin. 3.000
                          Total général. 281.800

REMBOURSEMENTS.

9 mensualités de Son Exc. à raison de 28.000.   252.000
Déduction faite des avances, reste à recevoir. .   29.800

Cette somme de 29.800 piastres est reportée et inscrite en tête des comptes de l'année suivante.

Pas un mot sur les trois mois arriérés remboursés pendant l'exercice suivant!

J'avais examiné les comptes de 8 années.

Un homme qui avait 28.000 piastres par mois de rente ne recevait que 20.000, et s'endettait davantage par cette excellente raison que le prêteur exigeait pour ses avances 12 % d'un intérêt uniforme de janvier à décembre, tandis que le rentier, comme musulman et seigneur dédaignait complètement ces intérêts.

Eh bien, le Kazasker savait qu'il était volé. Le trésorier-payeur savait aussi que ses prévarications n'étaient pas ignorées, au moins soupçonnées. Néanmoins il trouve naturel d'ajouter dans le compte : « Munificence de Son Excellence le Maître » parce qu'il se trouve devant un grand seigneur turc ; et le seigneur turc trouve tout naturel de donner en cadeau au voleur 13.000 piastres de plus parce qu'il est, lui, un grand seigneur et qu'il n'est pas de la dignité d'un seigneur turc de congédier un Arménien qui lui rend des *services* sans lui accorder un *Ihsan* (Bakchich). Il lui est complètement indifférent que cet Arménien soit un banquier ou un simple portefaix, l'un et l'autre étant à ses yeux des gens dont la principale occupation et l'idéal est de gagner de l'argent.

Depuis le sérail jusqu'au simple *conak*, en Turquie, tout subit une exploitation analogue.

Voilà la situation sociale de la masse populaire chrétienne en Turquie, situation d'hier bien entendu.

*
* *

Nous, les Orientaux, nous comprenons fort bien le désir que nos compatriotes chrétiens ont manifesté de sortir de cet état d'infériorité morale. Nous souhaitons, nous encourageons même toute émancipation, parce que nous voulons, au nom du salut de notre patrie commune, les voir égaux à nous par leurs droits, leurs privilèges et surtout leurs aspirations patriotiques.

Il y a des choses que nous pouvons saisir sans difficulté. Mais dans le code diplomatique européen, il existe une foule de procédés bizarres que nous ne pouvons pas nous expliquer.

Par exemple, nous comprenons qu'on puisse, sous l'influence des souvenirs classiques, se laisser entraîner par les vers brûlants d'un Byron, par les périodes éloquentes d'un Gladstone, par les articles tendencieux d'un *Times* tout retentissant de mots sonores.

Mais ce que nous ne pouvons comprendre, c'est la différence que l'on établit entre des actes parfaitement analogues lorsqu'ils sont accomplis les uns en Orient, les autres en Occident.

Supposons que, tandis qu'un poète chante les vertus des Normands et leurs liens traditionnels avec l'Angleterre, des agents consulaires britanniques se mettent à travailler les esprits paisibles de la Normandie, les poussant à la révolte. Un beau jour, les journaux d'Outre-Manche sonnent le tocsin contre la prétendue oppression de quelques protestants du Havre ou de Calais; le gouvernement anglais intervient arbitrairement et envoie sa flotte sous prétexte d'*apaiser l'opinion publique;* cette flotte à son tour trouve l'occasion de jouer un nouveau drame *(Navarin)* au moment où on s'y attend le moins.

Cet acte de l'Angleterre serait considéré comme une piraterie abominable qui ne manquerait pas d'être universellement flétrie.

Eh bien, un acte analogue commis en Orient contre la Turquie, aura tout à fait une autre signification; non seulement il ne sera pas flétri, mais, au contraire, il sera chanté sur tous les instruments du concert européen.

D'où vient cette différence flagrante ?

Quelques esprits naïfs nous répondront sans doute que la différence vient de la *nécessité* de déliver les chrétiens de la domination *barbare* des Turcs.

Voilà le motif le plus sérieux de la nouvelle croisade de l'Occident. Mais, en réalité, est-ce cela ?

Assurément, nous pouvons comprendre que le dessein de délivrer des coreligionnaires puisse germer chez de nobles esprits. Nous comprenons encore mieux leur désir de mettre fin au scandale déshonorant de voir, au sein du Saint-Sépulcre, les chrétiens de différents rites en venir aux mains sous les yeux des soldats musulmans que ce spectacle étonne et fait méditer.

Mais nous nous cassons la tête pour comprendre ce singulier zèle apporté dans la délivrance des *frères en Jésus* qui se manifeste, avec une méthode remarquable, aujourd'hui pour les Grecs ou les Moldo-Valaques seulement, demain pour les Serbes, puis pour les Bulgares, enfin pour les Arméniens.

Des souverains moralement dégradés, prisonniers de leur peur insensée ou d'une bande de parasites et de voleurs, ruin nt impitoyablement un beau et classique pays dont ils pressurent tous les habitants sans distinction de culte. Venir au secours de ces malheureuses populations au nom de l'humanité et de la justice, pour leur octroyer des libertés au moins élémentaires, à la bonne heure !

Mais nous, habitants du berceau de tous les dogmes religieux et philosophiques, nous ne savons point attribuer à un *credo* quelconque les procédés de certaines puissances qui se glorifient d'être les protectrices sinon les admiratrices du Fléau Rouge du Bosphore, lequel, après avoir ruiné un grand Empire, se ménage de préparer *une conflagration générale.*

Nous pouvons parfois, vu l'époque, comprendre, admirer même les sermons fratricides, et par conséquent anti-chrétiens des Pierre l'Ermite et des saints Bernard.

Nous nous sentons pris de je ne sais quelle tristesse irrésistible lorsque nous lisons, à la fin du dix-neuvième siècle, dans les colonnes des organes les plus autorisés de l'univers, comme le *Temps,* le *Times,* le *Standard,* des propos comme suit :

« ...La conscience du monde civilisé ne saurait laisser retomber, dans quelques circonstances, à quelques conditions que ce puisse être, sous la dénomination du Croissant (!) une portion quelconque du territoire affranchi. »

(Le Temps, 7 avril 1897.)

Par conséquent, au nom de la Vérité et de la Vraie Civilisation, il faut en finir !

Est-ce les Croisades qui continuent sous une forme plus raffinée, ou non ?

Si ce sont les Croisades irrémédiables, il faut au moins réaliser le plus tôt possible leur but suprême, afin de fermer l'ère des injustices flagrantes.

Si ce ne sont pas les Croisades, il faut le prouver par

des actes plus nets et plus francs et sauvegarder ainsi le prestige du monde civilisé qui souffre énormément de voir sur elle suspendue cette terrible épée de Damoclès.

Le règne du Sultan Abdul-Hamid et la Question arménienne.

L'état général des esprits pendant les derniers cinquante ans.

La destruction des janissaires, qui était au fond une nécessité absolue, ne manqua pas de jeter l'État ottoman dans un désarroi complet. C'était un système, un régime entier qui succombait. L'ancien équilibre de l'édifice ottoman n'existait plus. Il fallait se hâter de prendre un parti pour prévenir un écroulement. Que fallait-il faire?

L'auteur de la destruction, Sultan Mahmoud, disciple de Sélim III, n'était pas encore suffisamment initié au secret des réformes nécessaires. Il savait vaguement qu'il fallait aller à la *franque*, c'est-à-dire à l'européenne; mais il ne savait pas comment et jusqu'où aller.

La force militaire détruite, il trouvait naturel de la remplacer par une autre, à la mode *franque*. Il créa le *nizam*, armée active, laquelle avait d'ailleurs reçu un commencement d'organisation sous le règne de Sélim. Mais il fallait autre chose. Les conseillers éclairés faisaient défaut au Sultan. En outre, à commencer par son entourage immédiat, tout le monde critiquait la tendance qu'il affichait d'imiter les Européens; s'il eut le courage de braver cette formidable opposition ce fut — jusqu'à la naissance de son fils Abdul-Mejid — par manque d'un héritier au trône.

Peut-être me rappellera-t-on la présence à Constantinople, à cette époque, d'un officier prussien portant le nom retentissant de de Moltke; mais la sphère où se mouvait le Sultan était si haute que la distance entre lui et un officier étranger était infranchissable. S'il y avait eu des hommes animés de l'esprit nouveau, capables de seconder le Sultan dans ses projets de réformes, les distances eussent été rapprochées. Mais un jeune officier étranger, perdu dans les ténèbres de l'ignorance et du fanatisme, était une quantité négligeable.

Les ulémas, cette caste compacte de théologiens et de jurisconsultes, paraissaient opposés à toute réforme à l'européenne. Bien que privés de leur appui historique, les janissaires étaient encore assez forts pour intimider le Sultan.

Les ministres et les dignitaires de l'État étaient plutôt opposés que favorables aux vraies réformes, et s'ils agissaient conformément aux ordres et aux désirs du Sultan, c'est que leur obéissance était strictement passive. La masse populaire, y compris l'élément chrétien, restait en dehors de tant d'intérêts et de passions.

Pour la masse populaire musulmane, le Sultan est toujours sacré, parce qu'il est le vicaire de Mohammed, et tout ce que le Sultan, vicaire du Prophète, fait, elle le trouve *a priori* bien fait, nécessaire, indispensable même. Cette quasi-infaillibilité du Sultan n'empêcha pas que tout le monde, sans distinction, fut choqué à la vue de ces uniformes écourtés du nizam, qui découvraient le soldat jusqu'à la cuisse, et que le Turc, très sévère dans ses mœurs, trouvait obscènes.

La volonté du Sultan n'autorisant pas de réplique, il s'ensuivit une indifférence coupable, une apathie malsaine. Le peuple se sentit désorienté; mais, bien que tenu à l'écart de la révolution, il n'en était pas moins gênant pour le gouvernement, surtout à cause de son attachement aux ulémas. Les ulémas accusaient hautement les ministres de trahison, tout en ménageant la personne du Sultan. Il est vrai que les ministres étaient incapables d'avoir une politique sérieuse, extérieure ou intérieure. Ils étaient tous recrutés à la façon antique et pris dans l'*Enderoun*, sorte de corps de pages ou de cadets, très bien organisé, très bien dressé quant aux mœurs et aux manières, mais ignorant des choses publiques. Le plus influent parmi les ministres, Khosrew Pacha, n'était à l'origine qu'un simple esclave circassien. Enfin, le Sultan lui-même ne savait pas trop bien où il allait. Les conseils diamétralement opposés, d'ailleurs, des représentants des grandes puissances, ne manquèrent pas, comme toujours, d'augmenter le gâchis général.

La fondation de l'École militaire et de celle de médecine constituent, avec l'armée nouvelle, les seules œuvres utiles dans ce temps de destruction et de démoralisation générales.

Réchid, sous le règne du Sultan Medjid, Aali et Fuad, sous celui du Sultan Aziz, avaient les premiers affiché solennellement la nécessité des *réformes radicales*. Cependant, toutes leurs entreprises, si ingénieuses qu'elles aient été, n'ont pas abouti. Ayant voulu ménager la chèvre et le chou, ils n'ont ni préservé le chou, ni satisfait la chèvre. Il est évident que ces grands hommes d'État, tant admirés par les ambassadeurs, étaient loin d'être au niveau de leur tâche. Incapables même de se rendre compte de la situation intérieure du pays et de ses conditions vitales, leurs actes eussent ressemblé à une trahison, s'ils n'avaient été imputables à leur ignorance. Lorsqu'ils étaient pressés par le Palais, ils se servaient des ambassadeurs pour le modérer. Lorsque les représentations amicales des ambassadeurs les pressaient de faire des réformes, ils prétextaient le fanatisme du peuple et des ulémas. Ce système était aussi adroit que perfide. Les ulémas n'aiment pas *ces imitations serviles de l'Europe* exécutées pour le seul *plaisir d'imiter*. Ils sont comme tous les Turcs, assez bons patriotes et assez bons philosophes pour ne se réjouir que des réformes efficaces destinées à relever le pays. Les sympathies que le *nizam* a acquises dans tout le monde musulman en sont la preuve.

Aali et Fuad s'affublaient du titre de réformateurs parce que les ambassadeurs de France et d'Angleterre le leur avaient octroyé. Mais en réalité, ils ne désiraient pas marcher sérieusement dans la voie des réformes, dans la crainte de réveiller la mauvaise humeur du Sultan, voire même celle de l'Ambassadeur moscovite.

Sous la prétention de fonder une Université, ils inaugurèrent les cours de cette soi-disant Université, par l'alphabet français et par la géographie élémentaire. D'autres *réformes* analogues aboutirent aux mêmes résultats. La Russie était enchantée et le Sultan aussi.

En présence de ce résultat négatif *des réformes*, les puissances amies, comme la France et l'Angleterre, jugèrent, non sans tristesse, la Turquie comme incapable de se réformer et de se relever. Il est vrai que la gloire des *Grands Hommes d'État Turcs*, était sauve! « La civilisation » si complète de ces hommes d'État ne les autorisait pas à priver la Turquie du bienfait d'une question, (non pas religieuse: il y en a tant!) mais d'une autre question *cléricale*, d'un Cultur-Kampf ottoman.

La seule source du mal étant le palais, ne fallait-il pas, au contraire, rassembler toutes les forces intérieures, s'appuyer, en cas de besoin même, sur les représentants des puissances amies, pour assurer l'établissement des institutions capables d'enrayer son influence malfaisante? Aali et Fuad préférèrent discréditer les ulémas et le peuple de peur de se voir suspectés et de risquer leurs hautes dignités.

Ce qu'il y a de plus fâcheux dans cette maladroite politique, c'est que cet antagonisme entre le gouvernement et les ulémas eut pour point de départ plutôt la sauvegarde de l'amour-propre des ministres que le désir d'accomplir sérieusement un devoir.

En 1860, Fuad-Pacha, délégué pour la pacification de la Syrie, avait ramené avec lui un très intelligent Molla, Mehmed-Ruchdi Effendi. Fuad, enchanté de son zèle complaisant et de ses capacités extraordinaires, le proposa pour un avancement auquel son protégé n'avait aucun droit d'après les règlements hiérarchiques. D'ailleurs le Cheik-ul-Islam et le corps des ulémas étaient mal disposés à l'égard de Ruchdi-Molla qui affichait une conduite un peu trop mondaine. La proposition de Fuad fut rejetée. Celui-ci, furieux, fit entrer son protégé dans l'administration *de la plume*, c'est-à-dire des employés civils et le fit ensuite nommer Vizir et gouverneur général de Syrie.

La guerre ainsi déclarée continua de plus belle, et la diplomatie, toujours mal avisée, était enchantée de *ces singulières tentatives d'émancipation opérée par ces grands hommes*.

Seuls les diplomates russes avaient lieu de se réjouir, car cette politique à rebours amena l'accaparement de tous les pouvoirs par le Palais.

Autrefois, l'État c'était la loi sacrée, commentée par les ulémas. Rien ne pouvait s'accomplir sans un *fetwa*. Mais grâce à ces grands ministres, et surtout à leur successeur Mahmoud-Nédim Pacha, surnommé Nédimoff, ce fut le Sultan, ou plutôt son entourage irresponsable, qui devint l'État.

La faillite financière du gouvernement turc, cette œuvre du général Ignatiew, et les insurrections des slaves orthodoxes, menèrent le pays aux bords de l'abîme. Une révolution intérieure suivie de la déposition du Sultan furent la conséquence de cette faillite et de ces insurrections.

*   *

Si la Turquie a manqué de Sultans avisés et de ministres éclairés, les sujets fidèles et les patriotes dévoués ne lui font guère défaut. A mesure que la lumière se répand, il

se forme, dans le pays, un courant d'opinion très important. Grâce aux publications de Chinassi et au patronage
de Mustapha-Fazil Pacha d'Égypte, on constitue le parti
des réformes. Son programme, sujet aux railleries de la
diplomatie moscovite avec laquelle les autres puissances
ne tardent pas à faire chorus, est pourtant basé sur les
besoins du pays. Et ces besoins sont bien définis :

1° Le règne des lois. (Ces lois devaient être développées et complétées selon l'esprit du Hatt de Gulhané,
c'est-à-dire sur une base d'égalité parfaite *des non musulmans et des Turcs* en privilèges et en devoirs.)

Pour assurer ce règne des lois deux grandes mesures
fondamentales étaient nécessaires : doter le Divan d'un
appui solide afin qu'il puisse résister, au nom des lois, aux
empiètements et aux incohérences du Palais ; doter le
pays, d'abord de certaines libertés élémentaires telles que
la *liberté limitée de la presse* qui aurait permis de dénon-
cer les vices et les abus, et, en second lieu, d'une *justice*
assez indépendante pour protéger les hommes de bonne
foi dans leurs réclamations légitimes et patriotiques contre
les autorités.

2° L'assainissement du Palais, c'est-à-dire : Changement du mode de succession au trône ; éducation des princes héritiers en dehors du pays ; alliances matrimoniales,
que ne répudie pas le Coran, avec les familles régnantes
du monde civilisé, seul moyen d'épurer les palais des
orgies et des concubines qui y règnent d'une façon endé-
mique.

3° Reconstitution de l'administration en général d'après
les lois islamiques et d'après les expériences faites par
les pays occidentaux.

C'est avec un tel programme digne de tous éloges que
Midhat-Pacha prit la direction des mécontents.

Chose curieuse! Les ulémas représentés comme hostiles
à l'esprit nouveau furent les plus empressés à se ranger à

la suite de Midhat. Grâce à cet accord on parvint à détrôner facilement Sultan Aziz.

Son successeur, Mourad, qui était libéral, comptait depuis longtemps déjà parmi les chefs militants du parti des réformes. Tout le monde se réjouissait donc, persuadé que l'ère de justice et de liberté venait de sonner.

Quelle amère déception! Sultan Aziz se suicide, Sultan Mourad perd la raison !

L'héritier présomptif, Abdul-Hamid, auquel personne n'avait songé jusque-là, jouissait d'une très mauvaise réputation. Avare, vindicatif et pervers, il manquait de cette noblesse de caractère qui est si nécessaire aux princes régnants. Jeune encore, Abdul-Hamid dénonçait ses frères à son oncle, se livrait à des potins et à des imputations calomnieuses envers tous pour le seul plaisir d'embrouiller les rapports entre ses frères ou les personnes de son entourage, sans compter qu'il gérait sa fortune avec la lésinerie d'un saraf arménien.

C'est à ces particularités qu'il faut attribuer les hésitations de Midhat et de ses collègues dans la transmission des pouvoirs de l'Empire, hésitations qui furent la cause de tant de malheurs qu'Abdul-Hamid devait déchaîner sur son pays et sur le monde entier.

Midhat, forcé par l'état des esprits et déconcerté par les menées hypocrites d'Abdul-Hamid, eut, lorsqu'il se décida à faire monter ce dernier sur le trône, une arrière-pensée bien définie. Comme il se méfiait du caractère du nouveau Sultan il conçut le projet de faire entrer en vigueur instantanément les nouvelles lois organiques sous la forme d'un engagement pris envers l'Europe. Malheureusement, cet espoir du Grand Patriote se dénoua, grâce aux intrigues du général Igniatiew, d'une manière tragique, et l'ère néfaste fut dès lors inaugurée par Hamid le Fatal.

« Les réformes en Turquie, la constitution, » disait le général Igniatiew, « allons donc ! Ce serait l'écroulement de l'édifice qui ne se tient debout que par l'artifice du fanatisme religieux ! »

Voilà le nouveau *mot d'ordre* saisi au vol par la diplomatie, par la presse, par l'opinion publique du monde civilisé ! C'est à la suite de ce mot d'ordre que la conférence de Constantinople opposa une fin de non-recevoir à la communication officielle faite par Midhat, alors chef du gouvernement, de sa constitution qu'il avait fait sanctionner par Abdul-Hamid. Midhat était persuadé que l'Europe ne manquerait pas de prendre acte de cette œuvre libérale qui établissait au moins *l'égalité parfaite entre Chrétiens et Turcs.*

Cette reconnaissance officielle de l'Europe devait constituer *la seule garantie solide* à cette constitution tant désirée, contre les empiètements de Hamid le Fatal, dont les agissements louches et perfides commençaient déjà à inquiéter l'éminent patriote.

L'indifférence que la diplomatie témoigna à l'égard de cet acte historique de première importance, facilita admirablement l'inauguration de cette ère des perfidies, des persécutions systématiques, des massacres, du chaos et de l'anarchie dont les conséquences font aujourd'hui trembler l'Europe.

En cet état de cause, la Turquie est-elle seule responsable ?

L'histoire répondra :

Non, certes !

* *

L'éloignement de Midhat, la guerre suivie de revers, la perte de quelques provinces et du prestige-souverain, les responsabilités encourues par le palais pendant cette lutte à outrance décidèrent le Sultan à persister dans sa politique de réaction. Au fond, peureux et soupçonneux, il s'était entouré d'espions qui, en exploitant ses faiblesses, aidèrent à la décadence. Convaincu qu'il était détesté par

tout le monde, il pensa que les libertés octroyées servi-
raient d'armes contre sa personne. Alors il médita non seulement d'abroger les lois libérales, mais surtout de leur
ménager un enterrement définitif.

Pour cela il *inventa* audacieusement l'assassinat du Sultan Aziz; il fit poursuivre ou compromettre tout l'élément
libéral et indépendant dont les chefs périrent victimes
d'une lâcheté universelle, car Hamid s'était entouré de
tous les individus compromis en maintes affaires et dont
les intérêts personnels exigeaient et justifiaient leur association avec cet homme néfaste. A l'intérieur, il mit *à
l'index la vertu* et il arbora le vice. A l'extérieur, il joua au
libéral avec le secours d'une presse stipendiée et d'une
pluie abondante de décorations. Il s'établit entre ses créa-
tures un concours de prévarications, de dilapidations,
d'exploitations, d'excès de toutes sortes. Les plus auda-
cieux, les plus compromis aux yeux du public, sont les
plus approuvés et récompensés par lui.

Ce n'est plus un Sultan, mais Satan qui règne !

Sans la question arménienne, cette seconde *invention*
d'Abdul-Hamid, celui-ci eut continué de plus belle à suivre
les anciens errements.

La question arménienne.

La présence à Berlin, pendant le Congrès, des préten-
dus délégués arméniens, et les doléances qu'ils y firent
entendre, affectèrent douloureusement toutes les couches
sociales ottomanes. L'impression générale occasionnée par
cet acte impardonnable fut d'autant plus pénible qu'il
était insensé.

Assurément, une question arménienne spéciale, en dehors de la question des réformes générales en Turquie, ne
devait et ne pouvait être soulevée, par cette excellente
raison qu'il n'existe aucune donnée pour l'érection, même

artificielle, d'une Arménie quelconque. Les conditions élémentaires ethnographiques, géographiques et politico-diplomatiques font défaut pour qu'on puisse concevoir à ce sujet quelques illusions.

Les Arméniens étant appelés par la force des choses à être *les plus zélés patriotes ottomans*, cette manifestation de Berlin passa pour un acte absurde, frisant la trahison. Mais après mûre réflexion, les Turcs leur pardonnèrent cette démarche séditieuse en l'attribuant à l'incohérence naturelle à *l'arménisme* (erménilyk).

Cette dernière expression est, pour les vieux Turcs, synonyme de chose mal conçue, insensée ou cupide.

Mais ce que ces vieux Turcs n'ont su ni expliquer, ni pardonner, c'est la légèreté et l'ignorance avec lesquelles l'Aréopage européen réuni à Berlin recueillit cette démarche *arménienne*.

On pouvait expliquer plus ou moins logiquement l'érection des unités politiques comme la Grèce, la Serbie, la Roumanie, même la Bulgarie. Ces pays existaient lors de l'apparition des Ottomans qui mirent fin à leur indépendance ; en outre, dans leurs pays respectifs, Grecs, Serbes, Roumains et Bulgares constituaient une majorité numérique. Or, les Turcs n'avaient pas mis fin à une puissance quelconque arménienne, et les Arméniens n'avaient nulle part la majorité du nombre . Si les Turcs pouvaient expliquer, à la rigueur, les procédés incorrects d'une partie des Ottomans en les attribuant à *l'arménisme*, ils ne savaient comment interpréter l'accueil fait si légèrement aux Arméniens par la diplomatie, si ce n'est en l'attribuant à cet esprit de *croisades incessantes*, à cette politique déterminée des puissances qui consiste à *dépecer lentement et sûrement l'Empire de l'Islam*.

J'insiste à dessein sur cet état d'esprit d'un certain milieu fanatique ottoman, parce qu'il va contribuer pour une part aux horreurs et aux massacres d'Arménie. La regrettable démarche des Arméniens ottomans témoignait certainement d'une ignorance absolue des faits. Cependant, pour dire toute la vérité, il faut avouer que ces manifestants étaient aussi bien des instruments dociles que des agitateurs responsables. Depuis l'ouverture, en Europe, de la *chasse aux congrégations religieuses*, la Turquie a servi de refuge sûr à ce nouveau gibier fin de siècle. Bien qu'elles fussent reconnaissantes au pays qui leur donnait asile et hospitalité, ces congrégations ne se faisaient pas faute de laisser libre cours à leurs habitudes naturelles de prosélytisme. L'esprit musulman étant bien en selle, il ne leur restait que les chrétiens de différents rites à ramener dans le giron de leur église. Du sein de la masse compacte des Grégoriens surgirent bientôt des Arméniens catholiques et des Arméniens protestants de toutes sectes.

Il est à remarquer que les vénérables pères propagandistes réussissent plus facilement dans leurs entreprises en excitant, en réveillant certaines ambitions, certaines aspirations qu'en dissertant sur le fond de la théologie pure. D'ailleurs le cléricalisme, devenu pour certains pays un simple article d'exportation, une fois hors des frontières n'en reste pas moins national et sujet à la protection directe de l'ambassade et des autorités consulaires. Cette comédie immorale, que l'on justifie à tort par un besoin d'*influence* (laquelle, entre parenthèses, se trouve compromise par de tels moyens), peut aussi prendre sa part de responsabilités dans les troubles actuels.

Depuis la fondation de l'École arménienne de Venise, on a vu éclore dans quelques cerveaux la tarentule des aspirations subversives. Si les maîtres de Venise avaient été mieux inspirés et plus logiques, leur enseignement n'aurait présenté aucun danger pour nous ni pour notre patrie commune. Il n'y aurait pas eu d'inconvénient à laisser les Arméniens déterrer librement leur passé et toutes leurs traditions si leur œuvre ne devait pas dépasser la portée d'une œuvre scientifique.

Mais pour confiner un pareil réveil dans ses limites naturelles, il faut posséder certaines notions et une expérience qui faisaient totalement défaut aussi bien aux Arméniens qu'au Gouvernement ottoman. D'autre part, l'attitude purement provoquante que certains Arméniens s'étaient permis de prendre ne manqua pas de réveiller des susceptibilités bien légitimes. Les Turcs aimaient les Arméniens et les appelaient *les fidèles*. Cependant de là jusqu'à l'estime et à la sympathie personnelle il y avait encore une marge assez grande. Dans ma brochure, *le Palais de Yeldyz et la Sublime Porte*, j'ai dit que les Arméniens manquaient d'une certaine noblesse de caractère. Ce mot a déchaîné des tempêtes. Cependant, comme je suis le mieux désigné par les événements pour traiter ce sujet brûlant, le plus impartialement possible, j'éprouve le besoin de dire une fois pour toutes la vérité entière, sans recourir aux ménagements. En prétendant que *je suis le mieux désigné*, je veux simplement dire que j'ai été *le premier* à tendre, au nom de notre parti *des jeunes*, une main fraternelle aux Arméniens ottomans, en les invitant à agir en bons et loyaux patriotes, pour le bien de la patrie commune. Cette attitude ne fut pas d'ailleurs étrangère à ma condamnation à mort.

Les Arméniens, je veux dire ses comités connus, n'acceptèrent pas la main que je leur tendais et, par ce refus même, ils démontrèrent que leurs aspirations étaient tout autres que le salut de la Turquie, c'est-à-dire de cette patrie commune d'aujourd'hui et — infailliblement — de demain aussi. Ils voulaient, en bons naïfs, faire surgir une Arménie nouvelle des débris de l'actuel Empire ottoman. Cette idée fixe, ce projet maladroit les poussaient à des résolutions coupables, entreprises dans l'unique but d'exciter les susceptibilités des musulmans. Or, en fait de ruses, ils sont passés maîtres et leurs manières maladroites et impolies qui donnèrent naissance à cette expression : *l'arménisme*, les aidaient admirablement à cette fin.

Ajoutons encore à leur actif certaines provocations telles que, profanations des sanctuaires, insultes à l'adresse de la religion, manifestations organisées dans le but de forcer la populace musulmane à prendre sa revanche en pillant et massacrant...

On peut déjà saisir ici l'état d'âme des Ottomans à la veille des massacres, bien que je n'aie encore énuméré qu'une partie des causes.

* *

En vérité, la plus importante et la plus exécrable de ces causes, c'est la politique personnelle poursuivie systématiquement par le Sultan Abdul-Hamid.

Je puis affirmer et prouver par des documents, que seule cette politique du Sultan a amené les irréparables événements que l'on sait.

Ignorant et méfiant, Sultan Hamid a cru voir dans la démarche arménienne au sein du congrès de Berlin et dans ses conséquences un danger réel pour son Empire.

Les conseillers sages et prévoyants ne manquèrent pas de lui exposer que la Turquie n'aurait qu'à gagner si elle observait et appliquait strictement les clauses du traité de Berlin assaini par la convention de Chypre ; avec cette réserve que les projets pour l'Arménie devraient être englobés dans le projet des réformes générales pour tout l'Empire. Or le Sultan, une fois lancé dans la voie de la réaction pour les raisons que nous avons énumérées plus haut, ne voulut plus entendre parler de n'importe quelle réforme.

D'autre part la politique suivie par sir Henry Elliot et sir Layard qui, en sincères amis de la Turquie le poussaient dans la voie des réformes et demandaient surtout le rétablissement de la constitution de Midhat, avait indisposé le Sultan contre tout ce qui touche de près à l'Angleterre. Les réformes concernant les Arméniens étant, grâce à la convention de Chypre, entrées dans le domaine de la politique anglaise, c'était une raison de plus pour que le Sultan refusât plus obstinément encore.

Dès l'année 1882, le Palais de Yildiz expédia dans toutes les administrations générales, des circulaires confidentielles dans lesquelles étaient indiquées la nécessité d'étouffer tout mouvement particulariste arménien. Toute mention de noms historiques et géographiques y compris la dénomination *Arménie* est défendue. On donne des instructions spéciales pour entraver les publications des Arméniens, politiques et littéraires, de persécuter ce peuple, de le dépouiller au besoin, mais toujours de manière à ne pas donner prétexte à des plaintes. On essaye de justifier ces mesures par le danger qu'occasionnent les aspirations politiques des Arméniens. D'après la théorie de Yildiz, des deux nations arménienne et turque, l'une doit causer indubitablement la perte de l'autre. Donc il faut manœuvrer adroitement pour que ce soit la nation arménienne qui périsse.

Comme membre du Conseil de l'Instruction Publique, j'ai été témoin des procédés révoltants employés à l'égard des publications arméniennes. En même temps que je protestai ouvertement au sein du Conseil, je fis une démarche officielle auprès du ministre pour lui démontrer tout le danger et toute la maladresse de cette politique dont je ne pouvais concevoir l'adoption dangereuse, même par un souverain comme le Sultan actuel. Le ministre me mit sous les yeux une circulaire du palais *signée Sureya*, premier secrétaire du palais *et écrite sur l'ordre spécial du Sultan*.

Le personnel corrompu du gouvernement provincial avait donc trouvé un vaste champ à des exploits plus criminels les uns que les autres. Arrestations arbitraires de gens inoffensifs sous des inculpations inimaginables ; leur détention jusqu'au paiement de rançons onéreuses ; incendies allumés pour ruiner les uns, ou pour accuser les autres ; pillages ostensibles ; accusations de lèse-majesté, ou d'outrages aux autorités, si la victime parvenait à faire entendre des doléances... tout était permis, toléré, autorisé, commandé.

Ce fut une *exploitation* officielle en règle. Certains agents de l'étranger ne pouvaient ne pas connaître les faits, mais comme ils sont presque tous des exploiteurs *sui generis*, ils se sont tus tant qu'ils y ont trouvé leur compte et jusqu'au jour où leurs intérêts personnels furent lésés, à ce moment-là, et surtout lorsque ces menées et ces crimes du gouvernement furent dénoncés par la diplomatie, il ne leur fut plus possible de garder le silence.

Quelques fonctionnaires intègres et prévoyants tentèrent d'édifier le gouvernement, mais leur voix restait sans écho et quelques certains grands personnages de Yildiz les réprimandèrent secrètement de leur zèle intempestif. Ceux qui persistèrent dans leur manière de voir furent impitoyablement destitués, accusés d'affiliation aux comités séditieux arméniens ou d'espionnage pour le compte de l'ambassade d'Angleterre.

Comité arménien ! L'ambassade anglaise ! Voilà les deux chefs d'accusation à la mode de cette époque de terreur ! Si les autorités poursuivirent les Arméniens pour se conformer aux ordres supérieurs, certains particuliers ont agi pour leur propre compte et ce sont ces derniers qui ont fait le plus de mal. Le fameux Moussa-Bey, chef kurde, en est un bien triste exemple. Il est vrai qu'il servait la politique du Sultan, en même temps qu'il satisfaisait sa cupidité et ses passions. Enlever et violer les femmes, tuer leurs parents, ou incendier leurs biens, au cas où l'on ne s'empressait pas de prévenir ses désirs, c'était pour lui monnaie courante. Mais ses exploits criminels constituant un défi à tous les serviteurs honnêtes du gouvernement, il est arrêté enfin et poursuivi. Mais un ordre du Palais vient lui rendre la liberté et l'appelle à Constantinople.

A Constantinople, il devient l'hôte du Sultan et il est logé chez son favori Bahri-Pacha. Les autorités locales qui ont poursuivi Moussa-Bey sont destituées. Ce scandale excite les esprits et attire l'attention des Ambassades. On se plaint. D'ordre du Sultan, Moussa-Bey est renvoyé sur le théâtre de ses exploits avec des instructions affichées d'être poursuivi et jugé de nouveau, mais avec des instructions secrètes aux juges *de l'absoudre, coûte que coûte, sur tous les chefs d'accusation*. On l'acquitte.

Un courtisan de Yildiz, Tahsin-Pacha, gouverneur général de Bitlis, se distingue dans cette entreprise d'*épuration*. Après avoir dépouillé toutes les personnes de sa province qui avaient quelque aisance, il veut élargir son champ d'action. On lui apprend qu'à Kighi, il existe un négociant arménien très riche. Kighi se trouvant dans les limites du gouvernement d'Erzeroum est placé sous la juridiction de ce gouvernement. Tahsin ne se croit pas désarmé pour cela. Il expédie au Vali d'Erzeroum une dépêche officielle lui demandant le renvoi de ce négociant pour être poursuivi à Bitlis. Le Vali d'Erzeroum objecte que ce renvoi serait contraire aux lois existantes et que si ce négociant méritait d'être poursuivi on devait envoyer à Erzeroum le dossier de son affaire. Tahsin ne voulant pas lâcher sa proie, s'adresse au Palais. L'arrestation du négociant et son transfert à Bitlis est ordonné par Iradé impérial, et le Gouverneur d'Erzeroum, un ancien ministre du commerce, est réprimandé pour son *peu de zèle dans une affaire d'une importance capitale*.

Ce négociant arrêté sous une inculpation imaginaire, est transféré à Bitlis et jeté en prison. Le malheureux demande un interrogatoire, sa comparution en justice, les motifs de son arrestation. On lui répond que son cas est très grave, qu'on a trouvé parmi ses papiers, des documents séditieux de nature à le perdre... mais que s'il offrait au Vali trente mille piastres, il pourrait peut-être sauver sa tête.

L'intermédiaire Ihsan-Bey, aujourd'hui procureur impérial à Janina, obtient la somme demandée et lui rend sa liberté avec ses papiers saisis *qui n'avaient même pas été décachetés!*

De pareils forfaits ne pouvaient demeurer trop longtemps cachés. La diplomatie et la presse anglaises commencèrent une campagne contre le gouvernement, lequel, mis [au pied du mur, décida de laisser momentanément tranquilles les Arméniens.

Privés de cette proie, les employés affamés et habitués au brigandage officiel reportèrent leurs exploits sur la population musulmane qui n'avait derrière elle ni consuls, ni presse, ni rien qui les protégeât.

En même temps on semait l'antagonisme entre chrétiens et musulmans, sous prétexte que les Arméniens avaient conçu le projet de massacrer les musulmans, de violer leurs femmes et de constituer ensuite, grâce à l'*assistance anglaise,* une Arménie indépendante. Ce moyen n'était qu'une diversion, car tout le monde était à bout de patience et le Sultan avait à redouter une révolution résultant d'une explosion unanime et commune dirigée contre son gouvernement.

La population musulmane, travaillée officiellement, finit par être persuadée que les Arméniens sont les pires ennemis de l'État, de sa religion et de sa famille. Les publications des comités arméniens qui étaient dirigées, non pas contre le gouvernement, mais contre les Turcs en général, servaient à merveille les desseins du Sultan. Les événements de Sassoun et ceux de Constantinople sont colportés à cette fin dans tout l'Empire..... L'unanimité remarquée aux jours de massacres en réponse à l'invitation des autorités fut le résultat de ce long et ingénieux travail officiel. Seulement il faut bien le noter, et je suis prêt à prouver la véracité de mon dire : *nulle part les musulmans n'ont attaqué les premiers. Partout ils ont été provoqués par les Arméniens insurgés.*

4*

Et, si l'on veut qualifier cette insurrection au point de vue turc, il faut reconnaître qu'elle fut un acte inqualifiable dirigé contre les lois du pays, contre l'existence de l'État, contre la conservation de la patrie, de la religion et de la famille.

Il faut aussi ne pas perdre de vue que les premiers actes criminels des révoltés ne furent dirigés ni contre les palais du Gouvernement, ni contre les casernes des troupes, ni contre les postes des gendarmes, mais contre *les maisons de leurs voisins paisibles, contre leurs familles et leurs mosquées.*

Telles étaient les considérations qui poussèrent les Turcs à riposter, et à riposter durement.

Il n'est pas dans nos attributions de discuter les chiffres exacts des victimes, qui, en réalité, ne dépassent pas le dixième des chiffres donnés. Mon unique désir est d'établir la répartition des responsabilités encourues et de démontrer le degré de culpabilité de chacun des acteurs qui ont joué un rôle dans cette triste et sanglante tragédie arménienne.

J'espère avoir fait comprendre à qui de droit que si le peuple arménien est une victime, au premier chef, ce n'est pas le peuple turc qui est son bourreau; et que si la politique imbécile de Yildiz-Kiosk est la cause de ces crimes révoltants, les comités arméniens et leurs protecteurs ne sauraient pas non plus renier leur part de responsabilité.

Mû par le sentiment de la justice, mon espoir va encore plus loin; je voudrais voir complètement absout de l'accusation injuste qui pèse sur lui, cet enfant honnête et généreux, cet éternel exploité qu'on appelle le peuple turc.

Il est bien temps de lever enfin l'interdit qui l'a frappé si injustement.

Argument final.

Les Turcs ottomans ont fondé un puissant Empire sur les confins de l'Orient et de l'Occident. A leur arrivée, ces contrées conquises étaient plongées dans les vices qu'engendre la décadence.

Les Turcs ont effacé la souillure, redressé la morale et rendu leur dignité aux nations. Par cette œuvre de relèvement, ils ont acquis des droits incontestables aux sympathies universelles. Si ces sympathies lui sont refusées aujourd'hui, demain on sera moins injuste.

Actuellement encore, malgré l'anarchie qui règne depuis plus de cinquante ans dans l'Asie Mineure, les musulmans de cette contrée ne le cèdent à aucun peuple au monde pour la pureté de leurs mœurs et pour leurs sentiments de justice.

L'amour de Dieu et de la patrie, l'obéissance et la fidélité envers les autorités constituées, même quand ces autorités n'en sont pas dignes, l'attachement à la famille, aux amis, aux voisins, sans distinction de race, ni de religion, le respect du bien d'autrui et de l'honneur des familles sont des qualités que la masse populaire turque possède au plus haut degré.

Sans envisager tous les services que l'Empire ottoman a rendus à la civilisation, à la littérature, aux arts et que l'on ne peut supprimer pour faire plaisir à cette catégorie de gens de plume qui refusent d'en reconnaître l'existence même, je voudrais dire que cette unité politique qui est parvenue à faire l'éducation d'un peuple nomade et disparate à l'origine, mériterait par cela même qu'on lui témoignât un peu plus de sympathies ou un peu moins d'animosité.

L'Empire ottoman toujours en butte aux croisades de l'Occident civilisé a lutté avec succès contre lui pendant quatre siècles consécutifs, mais depuis que ces croisades

chevaleresques ont pris une tournure nouvelle, depuis
qu'elles se trament dans les officines des chancelleries, la
droiture et la naïveté naturelles du Turc en font tous les
frais.

La Turquie se débat, voilà presque un siècle, contre les
intrigues de l'étranger, cachées ou manifestes, qui exci-
tent ses sujets les uns contre les autres et tout le monde
contre l'État.

Des conventions et des traités arrachés à sa faiblesse
accidentelle ou à sa naïveté constante, l'ont privé des
conditions vitales de l'existence d'un pays.

C'est un suicide politique et financier qu'on lui impose
impitoyablement et sans trêve, et, lorsque des crises se dé-
chaînent à la suite et comme conséquences des menées
internationales, on lui impute les défauts les plus graves.

La pénurie générale qui s'ensuit force le gouvernement
à organiser un drainage de l'argent vers la capitale, même
par des moyens illégaux, car il lui serait impossible autrement de faire face aux premiers besoins de l'État.

Le paysan ottoman n'est pas dévalisé que par son gouvernement. A côté du *brigandage légal*, il y a celui des
fonctionnaires affamés. Il lui faut donc travailler, beaucoup
travailler pour subvenir à l'existence de sa femme et de
ses enfants, c'est-à-dire pour leur donner un morceau de
pain, rien de plus. Cependant la concurrence étrangère
paralyse tous ses efforts, les étrangers, en Turquie, ayant
obtenu des privilèges révoltants au détriment des propres
sujets de l'État.

Ces empiètements injustes sont considérés comme étant
les conséquences inévitables *des croisades*, qui continuent
sous une autre forme. Sur ce point le gouvernement et le
paysan sont d'accord pour *constater que c'est la guerre à
la vie et à la mort* qui continue sans trêve ni merci. L'honnête paysan comprend qu'il sera à la fin vaincu et terrassé,
mais il est décidé à vendre cher sa religion et sa patrie.

Voilà l'énigme du redressement brusque de ce prétendu cadavre ottoman ; voilà l'explication de ces excès, de ces cruautés si contraires à la nature essentiellement douce des Turcs.

* *

Pour finir, je veux citer un fait caractéristique récent.

La scène se passe au bord du golfe d'Ismid.

Le bataillon de la landwehr de Yuzgat va s'embarquer. Un Molla (prêtre ottoman) passe. Un soldat de 40 ans se détache brusquement des rangs et vient lui baiser la main en lui disant :

— Mon maître ! priez Dieu quil exauce mon suprême vœu.

— Je le prierai, je te le promets, mais quel est ton vœu ?

— C'est la troisième fois que je m'embarque dans ce port pour aller servir ma religion et ma patrie. J'ai fait tout mon possible pour *goûter les suprêmes délices du martyre*. Deux fois, hélas ! je suis revenu sain et sauf. Priez donc le Bon Dieu qu'Il veuille bien au moins, cette fois-ci, m'accorder ce privilège réservé aux élus.

Le Molla, les larmes aux yeux, le bénit. Les autres soldats s'avancent un à un, sollicitant la même grâce. Un seul, le plus instruit paraît-il, avant de demander la bénédiction du Molla, s'informe si, préalablement à la déclaration de guerre, le *fetwa*, exigé par la religion, a été obtenu.

Or ce fetwa n'est octroyé que lorsqu'il est prouvé que la guerre est *provoquée* et *juste ;* autrement les combattants tombés sur le champ de bataille ne seraient point des *chéhid* (martyrs).

Voilà où réside la force de la Turquie !

Sous l'administration d'un gouvernement digne de ce nom, dans des conditions sociales qui permettraient aux individus de déployer toutes leurs qualités morales, les Turcs pourraient être cités comme modèles et offerts en exemple.

S'ils s'attirent aujourd'hui la réprobation de tous, ce n'est pas leur faute assurément.

Conclusion.

1° La religion musulmane n'est pas la cause directe de la faiblesse de l'Empire ottoman ; elle ne constitue pas non plus un obstacle à son relèvement.

2° Le peuple est jeune, vigoureux, sobre, croyant ; il ne lui manque qu'un gouvernement ; son crime est dans son obéissance aveugle aux autorités indignes ; mais comme diverses circonstances rendent cette obéissance sacrée, on ne saurait lui en faire trop un reproche.

3° La famille régnante est dégradée par les débauches du Sérail, mais elle n'est pas épuisée. Un « assainissement » effectué selon le programme du parti des réformes lui rendrait ses qualités tant admirées jadis.

Sa présence à la tête de l'Empire est nécessaire ; sans elle la puissance turque ne subsisterait pas.

4° L'organisme gouvernemental exige une transformation radicale. L'indignité des gouvernants vient de leur ignorance d'abord et de la politique d'Abdul-Hamid, ensuite. Le personnel des fonctions publiques constitue une caste à part. Il faudrait en proclamer la déchéance et le réformer par voie de concours.

5° Le gouvernement reconstitué devrait avoir un appui solide, constitutionnel, qui lui permettrait de protéger les lois contre les empiètements arbitraires du Palais. Cet appui, serait d'ailleurs, la clef de la solution du problème ottoman. Il y a parmi le personnel actuel, assez d'hommes honnêtes et éclairés capables de constituer un gouvernement normal. La souplesse orientale peut faire merveille, une fois constaté que *le gouvernement exige que l'on soit honnête et zélé.*

Le personnel cédé à la Dette publique, lors de la constitution de cette administration, se composait entièrement de l'arrière-garde subalterne de l'administration de la douane. Or, dès qu'il vit que les récompenses et l'avancement étaient dus non au favoritisme mais au mérite, il devint un personnel modèle. Aujourd'hui les serviteurs qui le composent sont les mieux dressés de l'Empire.

6° Grâce à cet appui et à une liberté au moins relative de la presse, on combattrait les maux existants, on rendrait à cette société, confisquée aujourd'hui par le Palais, la vie et la respiration normales ; on apprendrait au monde musulman que l'obéissance aux autorités établies étant une vertu, même une très grande vertu, ne constitue pourtant guère une règle sans exception.

7° Les Turcs sont mûrs pour un régime constitutionnel. La représentation proportionnelle de la Constitution de Midhat est une heureuse inspiration.

8° Sultan Hamid régnant, le monde ottoman et l'Europe ne pourront espérer obtenir de lui que des troubles, encore des troubles, toujours des troubles.

Un rêve.

Si l'Europe civilisée avait mis fin aux croisades, au moins à partir du Hatt de Gulhané, et si elle avait inauguré une ère plus digne d'elle, ère des *libertés en Orient et de la paix en Occident*, le monde et l'histoire n'auraient peut-être pas le plaisir de goûter aujourd'hui les charmes et les inconvénients des petits États, tels que la Grèce, la Roumanie, la Serbie, la Bulgarie, l'Egypte. Peut-être aurait-elle eu cette chance d'avoir sur les limites de l'Orient une Puissance civilisée assez occidentale pour prendre dignement sa place dans le *vrai concert* européen, et assez orientale pour s'offrir en exemple à ses voisins immédiats de l'Orient.

TABLE DES MATIÈRES

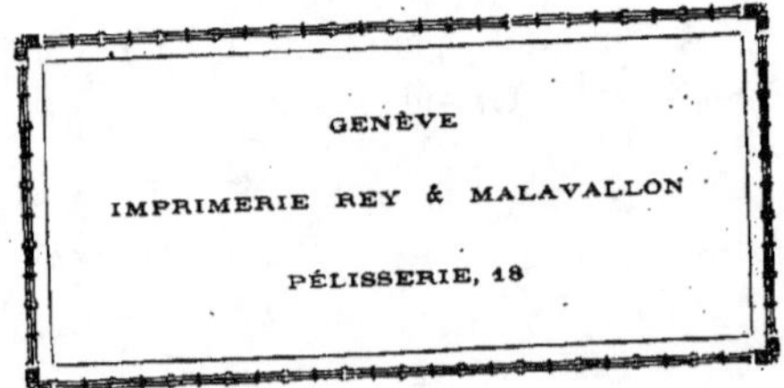

9 782329 684413